Bundeserziehungsgeldgesetz
Basiskommentar

Inge Böttcher

Bundeserziehungs-geldgesetz

Basiskommentar

Bund-Verlag

Die Deutsche Bibliothek – CIP-Einheitsaufnahme

Böttcher, Inge:
Bundeserziehungsgeldgesetz / Inge Böttcher. –
Frankfurt am Main : Bund-Verl., 2001
   (Basiskommentar)
   ISBN 3-7663-3277-5

© 2001 by Bund-Verlag GmbH, Frankfurt am Main
Herstellung: Inga Tomalla, Frankfurt am Main
Umschlag: Angelika Richter, Heidesheim
Satz: Dörlemann Satz, Lemförde
Druck: Druckhaus Aschendorff, Münster
Printed in Germany 2001
ISBN 3-7663-3277-5

Alle Rechts vorbehalten,
insbesondere die des öffentlichen Vortrags,
der Rundfunksendung
und der Fernsehausstrahlung,
der fotomechanischen Wiedergabe,
auch einzelner Teile.

Vorwort

Der vorliegende Basiskommentar behandelt in allgemein verständlicher Form die Bestimmungen des Bundeserziehungsgeldgesetzes, das in der seit dem 1.1.2001 geltenden Fassung wesentliche Änderungen brachte. Der Begriff »Erziehungsurlaub« wurde durch den Begriff »Elternzeit« ersetzt.

Für die Übergangsphase bis Ende 2003 (§ 24 BErzGG) sind neben den neuen Vorschriften auch die bisherigen anzuwenden. Der Anspruch auf Erziehungsurlaub/Elternzeit setzt nicht voraus, dass das Kind während eines bestehenden Arbeitsverhältnisses geboren worden ist, so dass Freistellung zur Kinderbetreuung auch in einem neuen Arbeitsverhältnis verlangt werden kann.

Zu den wesentlichen Änderungen zählt vor allem die Möglichkeit, dass jeder Elternteil in Teilzeit bis zu 30 Wochenstunden (bei einem anderen Arbeitgeber) arbeiten bzw. die Arbeitszeit bis zu 30 Wochenstunden beim bisherigen Arbeitgeber bei Beibehaltung des Erziehungsgeld- bzw. Elternzeitanspruchs verringern kann. Für diese Ansprüche gelten aber hohe Voraussetzungen, und zwar ist insbesondere die Zustimmung des Arbeitgebers insoweit Voraussetzung als er diese aus dringenden betrieblichen Gründen verweigern kann.

Grundlegend neu ist, dass nunmehr beide Eltern Elternzeit ganz oder teilweise gemeinsam in Anspruch nehmen können. Sie ist jedoch wie bisher auf eine Gesamtdauer von drei Jahren für ein Kind beschränkt und darf für beide zusammen nicht in mehr als vier Zeitabschnitte aufgeteilt werden. Ein Anteil der Elternzeit bis zu zwölf Monaten kann zudem auf die Zeit zwischen dem dritten und dem achten Lebensjahr des Kindes übertragen werden. Für diesen Anteil besteht allerdings die Gefahr, dass er im Falle eines Arbeitgeberwechsels nicht mehr gewährt wird. Anspruch auf Erziehungsgeld hat aber nur ein Elternteil. Ferner sind die Neuerung der Wahlmöglichkeit der Budgetierung des Erziehungsgeldes und die Erhöhung der Einkommensgrenzen ab dem siebten Lebensmonat je nach Familiengröße um 10–12 % zu nennen.

Erstmalig berücksichtigt wurden auch eingetragene Lebenspartnerschaften und zwar aufgrund des seit dem 1.8.2001 geltenden Lebenspartnerschaftsgesetzes vom 16.2.2001 (BGBl. I S. 266). Danach können zwei Personen gleichen Geschlechts eine eingetragene Lebenspartnerschaft eingehen.

Vorwort

Hierbei handelt es sich um ein eigenständiges Rechtsinstitut. Für den Bereich »Erziehungsgeld und Elternzeit« bedeutet das, dass der eingetragene Lebenspartner dem Ehegatten rechtlich größtenteils gleichgestellt ist.

Gleich geblieben ist, dass bei Verringerung der Arbeitszeit während des Elternurlaubs die Möglichkeit der Rückkehr auf Vollzeit sowie bei keinerlei beruflicher Tätigkeit während der Elternzeit die Möglichkeit der Rückkehr an den Arbeitsplatz besteht.

Geblieben ist auch der Kündigungsschutz für Eltern ab dem Verlangen von Elternzeit. Der Arbeitgeber darf ab dem Zeitpunkt des Verlangens bzw. acht Wochen vor Beginn und während der Elternzeit nicht kündigen.

Der Kommentar will dem Benutzer eine Auseinandersetzung mit allen praxisrelevanten Fragen des Elternrechts ermöglichen. Unter Einbeziehung der Beteiligungsrechte des Betriebs-/Personalrats wird insbesondere auf die Auswirkungen der Elternzeit auf das Arbeitsverhältnis – sei es beispielsweise zu Sonderzahlungen, Benachteiligung während der Elternzeit bei Aufnahme einer Teilzeittätigkeit oder von Rückkehrern und Rückkehrerinnen aus der Elternzeit – sowie auf Kranken-, Renten- und Arbeitslosenversicherung eingegangen.

Die Autorin hat sich bemüht, ihre Erläuterungen so praxisnah und aktuell wie möglich zu fassen, und die wichtigsten Fragen anhand konkreter Beispiele verdeutlicht. Für Anregungen und kritische Hinweise ist sie dankbar.

Inhaltsverzeichnis

Vorwort	5
Abkürzungsverzeichnis	9
Literaturverzeichnis	13
Kommentierung zum Bundeserziehungsgeldgesetz	15

Erster Abschnitt. Erziehungsgeld

§ 1	Berechtigte	15
§ 2	Nicht volle Erwerbstätigkeit; Entgeltersatzleistungen	24
§ 3	Zusammentreffen von Ansprüchen	28
§ 4	Beginn und Ende des Anspruchs	30
§ 5	Höhe des Erziehungsgeldes; Einkommensgrenzen	32
§ 6	Einkommen	36
§ 7	Anrechnung von Mutterschaftsgeld und entsprechenden Bezügen	40
§ 8	Andere Sozialleistungen	42
§ 9	Unterhaltspflichten	45
§ 10	Zuständigkeit	45
§ 11	Kostentragung	47
§ 12	Einkommens- und Arbeitszeitnachweis; Auskunftspflicht des Arbeitgebers	47
§ 13	Rechtsweg	49
§ 14	Bußgeldvorschrift	50

Zweiter Abschnitt. Elternzeit für Arbeitnehmerinnen und Arbeitnehmer

§ 15	Anspruch auf Elternzeit	52
§ 16	Inanspruchnahme der Elternzeit	70
§ 17	Urlaub	76
§ 18	Kündigungsschutz	81
§ 19	Kündigung zum Ende der Elternzeit	87
§ 20	Zur Berufsbildung Beschäftigte; in Heimarbeit Beschäftigte	89
§ 21	Befristete Arbeitsverträge	91

Inhaltsverzeichnis

Dritter Abschnitt. Übergangs- und Schlussvorschriften

§ 22	Ergänzendes Verfahren zum Erziehungsgeld	98
§ 23	Statistik	99
§ 24	Übergangsvorschriften; Bericht	100
§ 25	Inkrafttreten	100

Anhang 101

Stichwortverzeichnis 137

Abkürzungsverzeichnis

a.A.	andere Ansicht
a.a.O.	am angegebenen Ort
Abs.	Absatz
a.F.	alte Fassung
AiB	Arbeitsrecht im Betrieb (Zeitschrift)
Anh.	Anhang
Anm.	Anmerkung
AP	Arbeitsrechtliche Praxis, Nachschlagewerk des Bundesarbeitsgerichts
ArbG	Arbeitsgericht
ArbGG	Arbeitsgerichtsgesetz
AR-Blattei	Arbeitsrechts-Blattei
ARSt	Arbeitsrecht in Stichworten
Art.	Artikel
ArbStättVO	Verordnung über Arbeitsstätten
ArbZG	Arbeitszeitgesetz
AuR	Arbeit und Recht (Zeitschrift)
Az.	Aktenzeichen
AZO	Arbeitszeitordnung
BA	Bundesanstalt für Arbeit
BAföG	Bundesausbildungsförderungsgesetz
BAG	Bundesarbeitsgericht
BAGE	Sammlung der Entscheidungen des Bundesarbeitsgerichts
BAT	Bundes-Angestelltentarifvertrag
BB	Betriebs-Berater (Zeitschrift)
BBG	Bundesbeamtengesetz
BBergG	Bundesberggesetz
BBiG	Berufsbildungsgesetz
Bd.	Band
BErzGG	Bundeserziehungsgeldgesetz
BeschFG	Beschäftigungsförderungsgesetz
BetrAVG	Gesetz zur Verbesserung der betrieblichen Altersversorgung
BetrVG	Betriebsverfassungsgesetz
BGB	Bürgerliches Gesetzbuch
BGBl.	Bundesgesetzblatt

Abkürzungsverzeichnis

BGH	Bundesgerichtshof
BGHZ	Sammlung der Entscheidungen des Bundesgerichtshofs in Zivilsachen
BKGG	Bundeskindergeldgesetz
BKK	Die Betriebskrankenkasse (Zeitschrift)
BlStSozArbR	Blätter für Steuerrecht, Sozialversicherung und Arbeitsrecht
BR-Drs.	Bundesratsdrucksache
BPersVG	Bundespersonalvertretungsgesetz
Breithaupt-Slg.	Sammlung von Entscheidungen aus dem Gebiet der Sozialversicherung, Versorgung und Arbeitslosenversicherung
BSG	Bundessozialgericht
BSGE	Sammlung der Entscheidungen des Bundessozialgerichts
BSHG	Bundessozialhilfegesetz
BT-Drs.	Bundestagsdrucksache
BUrlG	Bundesurlaubsgesetz
BVA	Bundesversicherungsamt
BVerfG	Bundesverfassungsgericht
BVerfGE	Sammlung der Entscheidungen des Bundesverfassungsgerichts
BVerwG	Bundesverwaltungsgericht
BVerwGE	Sammlung der Entscheidungen des Bundesverwaltungsgerichts
bzw.	beziehungsweise
DB	Der Betrieb (Zeitschrift)
ders.	derselbe
d.h.	das heißt
DKK	Däubler/Kittner/Klebe (Hrsg.), Betriebsverfassungsgesetz mit Wahlordnung, Kommentar für die Praxis, 7. Auflage 2000
DM	Deutsche Mark
DVBl.	Deutsches Verwaltungsblatt (Zeitschrift)
EFZG	Entgeltfortzahlungsgesetz
EG/EU	Europäische Gemeinschaften/Europäische Union
ErzUrlV	Verordnung über Elternzeit für Bundesbeamte und Richter im Bundesdienst
EStG	Einkommensteuergesetz
etc.	et cetera
EuGH	Europäischer Gerichtshof
EuroAS	Europäisches Arbeits- und Sozialrecht (Zeitschrift)
EWG	Europäische Wirtschaftsgemeinschaft
EWR	Europäischer Wirtschaftsraum
EzA	Entscheidungssammlung zum Arbeitsrecht
FA	Fachanwalt Arbeitsrecht (Zeitschrift)
FamRZ	Zeitschrift für das gesamte Familienrecht

Abkürzungsverzeichnis

f., ff.	folgende
FKHE	Fitting/Kaiser/Heither/Engels, Kommentar zum Betriebsverfassungsgesetz, 20. Auflage 2000
GBl.	Gesetzblatt
gem.	gemäß
GewO	Gewerbeordnung
GG	Grundgesetz
ggf.	gegebenenfalls
GS	Großer Senat
HAG	Heimarbeitsgesetz
HGB	Handelsgesetzbuch
h.M.	herrschende Meinung
HRG	Hochschulrahmengesetz
i.d.F.	in der Fassung
i.d.R.	in der Regel
i.S.d.	im Sinne der/s
i.V.m.	in Verbindung mit
JArbSchG	Jugendarbeitsschutzgesetz
KSchG	Kündigungsschutzgesetz
KVLG	Gesetz über die Krankenversicherung der Landwirte
LAG	Landesarbeitsgericht
LAGE	Sammlung der Entscheidungen der Landesarbeitsgerichte
lfd.	laufend
LPartG	Lebenspartnerschaftsgesetz
LSG	Landessozialgericht
MAK-Werte	Maximale Arbeitsplatz-Konzentrations-Werte
MuSchG	Mutterschutzgesetz
m.w.N.	mit weiteren Nachweisen
n.F.	neue Fassung
NJW	Neue Juristische Wochenschrift
Nr.	Nummer
NZA	Neue Zeitschrift für Arbeitsrecht
o.Ä.	oder Ähnliches
o.g.	oben genannte/n
OwiG	Ordnungswidrigkeitengesetz
PersVG	Personalvertretungsgesetz
pVV	positive Vertragsverletzung
RdA	Recht der Arbeit (Zeitschrift)
RdErl.	Runderlass
RegE	Regierungsentwurf
RVO	Reichsversicherungsordnung
S.	Satz
SAE	Sammlung arbeitsrechtlicher Entscheidungen
s.o.	siehe oben
sog.	so genannte/r
SGB I	Sozialgesetzbuch – Erstes Buch, Allgemeiner Teil

Abkürzungsverzeichnis

SGB III	Sozialgesetzbuch – Drittes Buch, Arbeitsförderung
SGB IV	Sozialgesetzbuch – Viertes Buch, Gemeinsame Vorschriften für die Sozialversicherung
SGB V	Sozialgesetzbuch – Fünftes Buch, Gesetzliche Krankenversicherung
SGB VI	Sozialgesetzbuch – Sechstes Buch, Gesetzliche Rentenversicherung
SGB VII	Sozialgesetzbuch – Siebtes Buch, Gesetzliche Unfallversicherung
SGB X	Sozialgesetzbuch – Zehntes Buch, Verwaltungsverfahren
SGG	Sozialgerichtsgesetz
SozR	Sozialrecht (Entscheidungssammlung)
StGB	Strafgesetzbuch
StPO	Strafprozessordnung
Streit	Feministische Rechtszeitschrift
TzBfG	Gesetz über Teilzeitarbeit und befristete Arbeitsverträge (Teilzeit- und Befristungsgesetz)
u.a.	unter anderem
u.U.	unter Umständen
vgl.	vergleiche
VO	Verordnung
VwGO	Verwaltungsgerichtsordnung
VwVfG	Verwaltungsverfahrensgesetz
z.B.	zum Beispiel
ZPO	Zivilprozessordnung
ZRP	Zeitschrift für Rechtspolitik
ZTR	Zeitschrift für Tarifrecht
zz.	zurzeit

Literaturverzeichnis

Buchner/Becker, Mutterschutzgesetz und Bundeserziehungsgeldgesetz, 6. Auflage 1998
Däubler/Kittner/Klebe (Hrsg.), Betriebsverfassungsgesetz mit Wahlordnung, Kommentar für die Praxis, 7. Auflage 2000
Dersch/Neumann, Bundesurlaubsgesetz, Kommentar, 8. Auflage 1997
Ebener, Mutterschutz, Erziehungsgeld, Erziehungsurlaub, 2. Auflage 1999
Fitting/Kaiser/Heither/Engels, Kommentar zum Betriebsverfassungsgesetz, 20. Auflage 2000
Gaul/Wisskirchen, Änderung des Bundeserziehungsgeldgesetzes, BB 2000, 2466
Grüner-Dalichau, Bundeserziehungsgeldgesetz, Sozialgesetzbuch, Loseblattausgabe, Stand Januar 1994
Huber, Das Bundeserziehungsgeld nach neuem Recht – Rechtslage ab 2001, NZA 2000, 1319
Hoppach, Auswirkungen des gesetzlichen Erziehungsurlaubs und anderer Fehlzeiten auf die betriebliche Altersversorgung, DB 1993, 1672
Igl, Kindergeld und Erziehungsgeld, Textausgabe mit Erläuterungen, 3. Auflage 1993
Köster/Schiefer/Überacker, Arbeits- und sozialversicherungsrechtliche Fragen des Bundeserziehungsgeldgesetzes 1992, DB 1992, Beilage 10
KR-Becker u.a. (Hrsg.), Gemeinschaftskommentar zum Kündigungsschutzgesetz und sonstigen kündigungsrechtlichen Vorschriften, 5. Auflage 1999
Lackner, Strafgesetzbuch mit Erläuterungen, 23. Auflage 1999
Leßmann, Der Anspruch auf Verringerung der Arbeitszeit im neuen Bundeserziehungsgeldgesetz, DB 2001, 94
Marschner, Änderungen beim Erziehungsgeld und Erziehungsurlaub zum 1. Januar 2001, ZTR 2001, 17
Meisel/Sowka, Mutterschutz und Erziehungsurlaub, Kommentar, 5. Auflage 1999
Palandt, Bürgerliches Gesetzbuch, 60. Auflage 2001
Peter, Neuregelung des Erziehungsurlaubs, AiB 2000, 713
Ramrath, Arbeitsrechtliche Fragen der Teilzeitarbeit während des Erziehungsurlaubs, DB 1987, 1785
Reinecke, Elternzeit statt Erziehungsurlaub, Fachanwalt für Arbeitsrecht 2001, 10

Literaturverzeichnis

Schaub, Arbeitsrechts-Handbuch, 9. Auflage 2000

Sowka, Die Übertragung von Erholungsurlaub auf die Zeit nach Beendigung des Erziehungsurlaubs, NZA 1989, 497

Sowka, Der Erziehungsurlaub nach neuem Recht – Rechtslage ab 1.1.2001, NZA 2000, 1185

Zmarzlik/Zipperer/Viethen, Mutterschutzgesetz. Mutterschaftsleistungen, Bundeserziehungsgeldgesetz, 8. Auflage 1999

Kommentierung zum Bundeserziehungsgeldgesetz

Gesetz zum Erziehungsgeld und zur Elternzeit (Bundeserziehungsgeldgesetz – BErzGG)

vom 6. Dezember 1985 (BGBl. I. S. 2154), in der Fassung der Bekanntmachung vom 1. Dezember 2000 (BGBl. I S. 1645), zuletzt geändert durch Gesetz vom 16. Februar 2001 (BGBl. I S. 266)

Erster Abschnitt
Erziehungsgeld

§ 1
Berechtigte

(1) Anspruch auf Erziehungsgeld hat, wer

1. einen Wohnsitz oder seinen gewöhnlichen Aufenthalt *in Deutschland** hat,

2. mit einem Kind, für das ihm die Personensorge zusteht, in einem Haushalt lebt,

3. dieses Kind selbst betreut und erzieht und

4. keine oder keine volle Erwerbstätigkeit ausübt.

Die Anspruchsvoraussetzungen müssen bei Beginn des Leistungszeitraums vorliegen. Abweichend von Satz 2, § 1594, § 1600d und §§ 1626a bis 1626e des Bürgerlichen Gesetzbuches können im Einzelfall nach billigem Ermessen die Tatsachen der Vaterschaft und der elterlichen Sorgeerklärung des Anspruchsberechtigten auch schon vor dem Zeitpunkt ihrer Rechtswirksamkeit berücksichtigt werden.

(2) Anspruch auf Erziehungsgeld hat auch, wer, ohne eine der Voraussetzungen des Absatzes 1 Nr. 1 zu erfüllen,

1. *im Rahmen seines in Deutschland bestehenden Beschäftigungsverhältnisses vorübergehend ins Ausland entsandt ist und aufgrund über- oder*

---

* Kursiv gesetzte Passagen sind Neuregelungen seit dem 1.1.2001.

§ 1 BErzGG

zwischenstaatlichen Rechts oder nach § 4 des Vierten Buches Sozialgesetzbuch dem deutschen Sozialversicherungsrecht unterliegt oder im Rahmen seines in Deutschland bestehenden öffentlich-rechtlichen Dienst- oder Amtsverhältnisses vorübergehend ins Ausland abgeordnet, versetzt oder kommandiert ist,

2. Versorgungsbezüge nach beamten- oder soldatenrechtlichen Vorschriften oder Grundsätzen oder eine Versorgungsrente von einer Zusatzversorgungsanstalt für Arbeitnehmer des öffentlichen Dienstes erhält oder

3. Entwicklungshelfer im Sinne des § 1 des Entwicklungshelfer-Gesetzes ist.

Dies gilt auch für den mit ihm in einem Haushalt lebenden Ehegatten oder Lebenspartner, wenn dieser im Ausland keine Erwerbstätigkeit ausübt, welche den dortigen Vorschriften der sozialen Sicherheit unterliegt.

(3) Einem in Absatz 1 Nr. 2 genannten Kind steht gleich

1. ein Kind, das mit dem Ziel der Annahme als Kind in die Obhut des Annehmenden aufgenommen ist,

2. ein Kind des *Ehegatten oder Lebenspartners*, das der Antragsteller in seinen Haushalt aufgenommen hat,

3. *ein leibliches Kind* des nicht sorgeberechtigten Antragstellers, mit dem dieser in einem Haushalt lebt.

(4) Der Anspruch auf Erziehungsgeld bleibt unberührt, wenn der Antragsteller aus einem wichtigen Grund die Betreuung und Erziehung des Kindes nicht sofort aufnehmen kann oder sie unterbrechen muss.

(5) In Fällen besonderer Härte, *insbesondere bei schwerer Krankheit, Behinderung oder Tod eines Elternteils oder bei erheblich gefährdeter wirtschaftlicher Existenz, kann von dem Erfordernis der Personensorge oder den Voraussetzungen des Absatzes 1 Nr. 3 und 4 abgesehen werden. Das Erfordernis der Personensorge kann nur entfallen, wenn die sonstigen Voraussetzungen des Absatzes 1 erfüllt sind, das* Kind mit einem Verwandten *bis dritten Grades oder dessen Ehegatten oder Lebenspartner* in einem Haushalt lebt und kein Erziehungsgeld für *dieses* Kind von einem Personensorgeberechtigten in Anspruch genommen wird.

(6) Ein Ausländer mit der Staatsangehörigkeit eines Mitgliedstaates der Europäischen Union oder eines der Vertragsstaaten des Europäischen Wirtschaftsraums (EU/EWR-Bürger) erhält nach Maßgabe der Absätze 1 bis 5 Erziehungsgeld. Ein anderer Ausländer ist anspruchsberechtigt, wenn

1. *er eine Aufenthaltsberechtigung oder Aufenthaltserlaubnis besitzt,*

2. *er unanfechtbar als Asylberechtigter anerkannt ist oder*

3. *das Vorliegen der Voraussetzungen des § 51 Abs. 1 des Ausländergesetzes unanfechtbar festgestellt worden ist.*

Maßgebend ist der Monat, in dem die Voraussetzungen des Satzes 2 eintreten. Im Fall der Verlängerung einer Aufenthaltserlaubnis oder der Erteilung

BErzGG § 1

einer Aufenthaltsberechtigung wird Erziehungsgeld rückwirkend (§ 4 Abs. 2 Satz 3) bewilligt, wenn der Aufenthalt nach § 69 Abs. 3 des Ausländergesetzes als erlaubt gegolten hat.

(7) Anspruchsberechtigt ist unter den Voraussetzungen des Absatzes 1 Nr. 2 bis 4 auch, wer als

1. *EU/EWR-Bürger mit dem Wohnsitz in einem anderen Mitgliedstaat der Europäischen Union oder des Europäischen Wirtschaftsraums (anderen EU/EWR-Gebiet) oder*

2. *Grenzgänger aus einem sonstigen, unmittelbar an Deutschland angrenzenden Staat*

in Deutschland in einem öffentlich-rechtlichen Dienst- oder Amtsverhältnis steht oder ein Arbeitsverhältnis mit einer mehr als geringfügigen Beschäftigung hat. Im Fall der Nummer 1 ist eine mehr als geringfügige selbständige Tätigkeit (§ 8 des Vierten Buches Sozialgesetzbuch) gleichgestellt. Der in einem anderen EU/EWR-Gebiet wohnende Ehegatte des in Satz 1 genannten EU/EWR-Bürgers ist anspruchsberechtigt, wenn er die Voraussetzungen des Absatzes 1 Nr. 2 bis 4 sowie die in den Verordnungen (EWG) Nr. 1408/71 und Nr. 574/72 niedergelegten Voraussetzungen erfüllt. Im Übrigen gelten § 3 und § 8 Abs. 3.

(8) Unter den Voraussetzungen des Absatzes 1 ist auch der Ehegatte oder Lebenspartner eines Mitglieds der Truppe oder des zivilen Gefolges eines NATO-Mitgliedstaates anspruchsberechtigt, soweit er EU/EWR-Bürger ist oder bis zur Geburt des Kindes in einem öffentlich-rechtlichen Dienst- oder Amtsverhältnis steht oder eine mehr als geringfügige Beschäftigung (§ 8 des Vierten Buches Sozialgesetzbuch) ausgeübt hat oder Mutterschaftsgeld oder eine Entgeltersatzleistung nach § 2 Abs. 2 bezogen hat.

(9) Kein Erziehungsgeld erhält, wer im Rahmen seines im Ausland bestehenden Beschäftigungsverhältnisses vorübergehend nach Deutschland entsandt ist und aufgrund über- oder zwischenstaatlichen Rechts oder nach § 5 des Vierten Buches Sozialgesetzbuch nicht dem deutschen Sozialversicherungsrecht unterliegt. Entsprechendes gilt für den ihn begleitenden Ehegatten oder Lebenspartner, wenn er in Deutschland keine mehr als geringfügige Beschäftigung (§ 8 des Vierten Buches Sozialgesetzbuch) ausübt.

Ziel des am 1.1.1986 in Kraft getretenen und inzwischen mehrfach, und zwar zuletzt mit Wirkung vom 1.8.2001 geänderten Gesetzes zum Erziehungsgeld und zur Elternzeit (Bundeserziehungsgeldgesetz – BErzGG) ist es, Eltern zu ermöglichen oder zu erleichtern, ihr Kind in der für die ganze spätere Entwicklung entscheidenden ersten Lebensphase selbst zu betreuen und zu erziehen. Erziehungsgeld soll in Verbindung mit Elternzeit Müttern und Vätern während dieser Zeit die Möglichkeit geben, zu Hause zu bleiben und ganz oder teilweise auf eine Erwerbstätigkeit zu verzichten. Das BErzGG wurde seit 1986 in der Bezugsdauer für das Erziehungsgeld und in der Dauer der Elternzeit schrittweise verbessert. Mit Wirkung vom

§ 1 BErzGG

1.1.2001 wurde der Begriff »Erziehungsurlaub« durch den Begriff »**Elternzeit**« ersetzt. Damit soll noch immer bestehenden Vorbehalten begegnet werden, dass Kinderbetreuung und Arbeit in der Familie mit der Vorstellung über Freizeit und Muße verbunden werden (BT-Drs. 14/4133, S. 10).

2 Den **Erziehungsgeldanspruch** können Mütter wie Väter haben, unabhängig davon, ob sie erwerbstätig oder arbeitslos, abhängig beschäftigt oder selbständig tätig sind. Ebenfalls können Schüler und Studenten Anspruch auf Erziehungsgeld haben. Außerdem können auch Väter, die nicht mit der Mutter verheiratet sind und mit dem Kind in einem Haushalt leben, dann Anspruch auf Erziehungsgeld haben, wenn die sorgeberechtigte Mutter zustimmt.

3 Die vier **Voraussetzungen** für den Anspruch auf Erziehungsgeld sind (Abs. 1):
– die Berechtigten müssen in Deutschland wohnen (Rn. 5 bis 12),
– sie müssen mit dem Kind in einem Haushalt leben, für das sie das Personensorgerecht haben (Rn. 13 bis 15),
– sie müssen das Kind selbst betreuen und erziehen (Rn. 16 bis 18) und
– sie dürfen keine Erwerbstätigkeit ausüben bzw. Teilzeittätigkeit von nicht mehr als 30 Stunden wöchentlich (Rn. 19).

4 Für den Anspruch auf Erziehungsgeld müssen die Voraussetzungen grundsätzlich zu **Beginn des Leistungszeitraums** vorliegen. Tritt also eine Anspruchsvoraussetzung erst nachträglich ein, so bewirkt das keine rückwirkende Gewährung von Erziehungsgeld (BSG v. 15.10.1996 – 14 Reg 13/95 –; s.a. § 40 SGB I). Neu aufgenommen wurde eine **Ausnahme** hiervon. Danach kann die Tatsache der Vaterschaft und der elterlichen Sorge im Einzelfall nach billigem Ermessen auch schon vor dem Zeitpunkt ihrer Rechtswirksamkeit berücksichtigt werden. Im Wesentlichen betrifft dies unverheiratete Väter, die für sich Erziehungsgeld beantragen und sich frühzeitig um ihre Sorgeerklärung bemüht haben oder die erforderliche Zustimmung aus von ihnen nicht zu vertretenden Gründen nicht bzw. nicht rechtzeitig abgegeben haben (s.a. Huber, NZA 2000, 1319).

5 Von diesen Anspruchsvoraussetzungen des Abs. 1 gelten **Ausnahmen** für ins Ausland Entsandte (Abs. 2 Nr. 1), die die übrigen Anspruchsvoraussetzungen des Abs. 1 Satz 1 Nr. 2 bis 4 erfüllen. Das Beschäftigungsverhältnis muss allerdings weiterhin dem deutschen Sozialversicherungsrecht unterliegen, die wöchentliche Arbeitszeit also die Grenze für geringfügig Beschäftigte gemäß § 8 SGB IV übersteigen (mehr als 15 Stunden wöchentlich).

6 Nach **Abs. 1 Nr. 1** kommt es für die Anwendung des BErzGG darauf an, ob der Berechtigte seinen **Wohnsitz** oder seinen **gewöhnlichen Aufenthalt** in Deutschland hat. Die Begriffe »Wohnsitz« und »gewöhnlicher Aufenthalt« sind in § 30 SGB I definiert. Danach hat einen Wohnsitz jemand dort, wo er eine Wohnung unter Umständen innehat, die darauf schließen lassen, dass er die Wohnung beibehalten und nutzen wird. Den gewöhnlichen

Aufenthalt hat jemand dort, wo er sich unter Umständen aufhält, die erkennen lassen, dass er an diesem Ort nicht nur vorübergehend verweilt (§ 30 Abs. 3 SGB I). Gemäß Artikel II § 1 Nr. 20 SGB I findet § 30 SGB I unmittelbar Anwendung, da der 1. Abschnitt des BErzGG ein Besonderer Teil des SGB I ist. Abzustellen ist auf die **tatsächlichen Umstände**, wegen deren Maßgeblichkeit die §§ 7 ff. BGB nicht anwendbar sind (vgl. Zmarzlik/Zipperer/Viethen, § 1 Rn. 9). Möglich ist auch ein **doppelter oder mehrfacher Wohnsitz**, sei es in Deutschland oder im Ausland.

Bei Personen, die sich unter Beibehaltung ihrer Wohnung in Deutschland aus beruflichen oder sonstigen Gründen im Ausland aufhalten, ist von der Aufrechterhaltung eines Wohnsitzes im Inland auszugehen, wenn der Auslandsaufenthalt voraussichtlich zwei Jahre nicht überschreiten wird und der Wiederbenutzung der Wohnung im Inland keine tatsächlichen Hinderungsgründe entgegenstehen (BSG v. 26. 7. 1979, Breithaupt 1980, S. 328). **7**

Wird der Wohnsitz aufgegeben, um sich für länger als ein halbes Jahr im Ausland aufzuhalten, wird damit auch der gewöhnliche Aufenthalt im Inland aufgegeben. Anderes gilt, wenn der Auslandsaufenthalt Besuchs-, Erholungs- oder ähnlichen privaten Zwecken dient und die Dauer eines Jahres nicht überschritten wird (so die Durchführungsanweisungen der BA im Runderlass 375/74 zum Bundeskindergeldgesetz). **8**

Abs. 2 sieht für bestimmte Personengruppen, die abschließend aufgezählt sind, eine **Ausnahme vom Wohnlandprinzip** vor. Dazu gehören Arbeitnehmer, die von ihrem inländischen Betrieb zur vorübergehenden Dienstleistung ins Ausland entsandt werden **(Abs. 2 Nr. 1)**. Ob eine »**Entsendung**« vorliegt, richtet sich nach den Grundsätzen des Sozialversicherungsrechts (str.; vgl. Grüner-Dalichau, § 1 Anm. VII 1). Demnach ist Voraussetzung, dass eine Beschäftigung im Ausland im Rahmen eines in Deutschland bestehenden Arbeitsvertrages ausgeübt wird und diese infolge· ihrer Eigenart oder vertraglich im Voraus zeitlich begrenzt ist. Eine zeitliche Begrenzung für das Kriterium der nur vorübergehenden Dienstleistung gibt es nicht. **9**

Nicht um eine Entsendung handelt es sich, wenn ein Arbeitnehmer in seinem ausländischen Wohnstaat von einem Unternehmen mit Sitz in Deutschland zu einer Tätigkeit in seinem Wohnstaat oder in einem anderen Staat angeworben wird (vgl. Huber, NZA 2000, 1319 m.w.N.). Die Anwendung der deutschen Rechtsvorschriften auf entsandte Arbeitnehmer ist vielfach durch zwischenstaatliche Regelungen normiert, die zu beachten sind (vgl. Näheres Grüner-Dalichau, a.a.O.). **10**

Beamte und sonstige Angehörige des öffentlichen Dienstes, die zur vorübergehenden Dienstleistung ins Ausland **abgeordnet, versetzt** oder **kommandiert** werden, sind ebenfalls vom Wohnlandprinzip ausgenommen **(Abs. 2 Nr. 1)**. Hier ist ohne weitere Prüfung davon auszugehen, dass die Dienstleistung im Ausland vorübergehender Natur ist (Dienstblatt-Runderlass 375/74, DA 1–26 BA). **11**

§ 1 BErzGG

12 **Abs. 1 Nr. 2** Des Weiteren besteht Anspruch auf Erziehungsgeld nur, wenn dem Berechtigten die **Personensorge** für das Kind zusteht, und er mit diesem in **einem Haushalt** lebt. Die Personensorge steht als Teil des elterlichen Sorgerechts regelmäßig den **leiblichen Eltern** des Kindes zu (§ 1626 Abs. 1 BGB). Sie steht neben den leiblichen Eltern auch **Adoptiveltern** zu und außerdem z. B. den **Großeltern** oder **Pflegeeltern**, wenn diesen das Sorgerecht für das Kind übertragen wurde. Die Entscheidung hierüber trifft das Familiengericht. Auch **Minderjährige**, deren Sorgerecht rechtlich eingeschränkt ist, haben Anspruch auf Erziehungsgeld, wenn sie das Kind tatsächlich betreuen (BT-Drs. 10/3792, S. 14).

13 Einem Kind, für das dem Berechtigten die Personensorge zusteht, ist **gleichgestellt** ein **Adoptionspflegekind**, das mit dem Ziel der Annahme als Kind in die Obhut des Annehmenden aufgenommen ist **(Abs. 3 Nr. 1)**. Zur Begründung des Erziehungsgeldanspruchs muss das Verfahren zur Adoption bzw. der Adoptionsvermittlung durch die Adoptionsbewerbung eingeleitet sein (BSG v. 9.9.1992 – 14 b/4 Reg 15/91). Ebenfalls gleichgestellt ist ein in den Haushalt aufgenommenes **Kind des Ehegatten** (sog. Stiefkind) oder **Lebenspartners**, das in dem Haushalt seine persönliche Betreuung und Versorgung gefunden hat **(Abs. 3 Nr. 2;** BSG v. 26.6.1979, Breithaupt 1970, S. 75). Mit Inkrafttreten des Lebenspartnerschaftsgesetzes vom 16.2.2001 (BGBl. I S. 266) können seit dem 1.8.2001 zwei Personen gleichen Geschlechts eine Lebenspartnerschaft begründen, wenn sie gegenseitig persönlich und bei gleichzeitiger Anwesenheit erklären, miteinander eine Partnerschaft auf Lebenszeit führen zu wollen (Lebenspartnerinnen oder Lebenspartner). Die Erklärungen werden wirksam, wenn sie vor der zuständigen Behörde erfolgen. Bei der »Lebenspartnerschaft« handelt es sich um ein eigenständiges Rechtsinstitut, mit dem die rot-grüne Bundesregierung ihren Beitrag zum Abbau der Diskriminierung von Menschen mit gleichgeschlechtlicher Identität und zum Respekt vor anderen Lebensformen leistet. Ein leibliches Kind des Berechtigten, für das er zwar kein Sorgerecht hat, mit dem er aber in einem Haushalt lebt, ist gleichgestellt **(Abs. 3 Nr. 3)**. Dieses hat primär Bedeutung für den Erziehungsgeldanspruch des **nicht mit der Mutter verheirateten Vaters**; es gilt aber auch für den geschiedenen oder getrennt lebenden Elternteil des leiblichen Kindes, der selbst nicht das Sorgerecht für das Kind hat.

14 Voraussetzung ist weiter, dass der Berechtigte mit dem Kind **in einem Haushalt** lebt. Der Begriff »Haushalt« deckt sich mit dem des Familienhaushalts in § 9 MuSchG. Hierunter versteht man den Mittelpunkt der privaten Lebensführung zur Befriedigung der persönlichen Bedürfnisse einer Familie oder einer einzelnen Person (BT-Drs. IV/3652, S. 5). Es kommt nicht darauf an, dass es sich um den eigenen Haushalt des Berechtigten handelt; er muss mit dem Kind nur in einem gemeinsamen Haushalt etwa mit Geschwistern, Großeltern, befreundeten Personen oder in einem Mutter-Kind-Heim leben (vgl. Grüner-Dalichau, § 1 Anm. IV 2).

15 Für den Anspruch auf Erziehungsgeld ist weiter Voraussetzung, dass der Berechtigte das Kind **selbst betreut und erzieht**. Er muss sich jedoch nicht ununterbrochen um das Kleinkind kümmern. Die Betreuung und Erziehung wird nicht dadurch unterbrochen, dass das Kind kurzfristig (z.B. während einer ärztlich verordneten Kur, einer Fortbildungsveranstaltung, einem Erholungsurlaub von angemessener Dauer) vom Ehegatten, eingetragenen Lebenspartner oder anderen Angehörigen versorgt wird (ebenso Halbach, DB 1986, Beilage Nr. 1 S. 6; Meisel/Sowka, § 1 Rn. 11).

Beispiel 1:
Frau Janssen nimmt zehn Wochen nach der Geburt ihres Kindes wieder ihren Fortbildungskurs (4 × wöchentlich 4 Std.) bei der Volkshochschule auf. Ihr Kind wird während dieser Zeit von ihrer Freundin betreut. Frau Janssen hat trotzdem Anspruch auf Erziehungsgeld, da sie sich im Wesentlichen um die Betreuung des Kindes kümmert.

Beispiel 2:
Frau Dirks beantragt Erziehungsgeld und Elternzeit. Sie wird ihren für sechs Monate nach Frankreich versetzten Mann begleiten. Das Kind bleibt während dieser Zeit bei der Großmutter. Frau Dirks überträgt die Kindesbetreuung in vollem Umfang auf die Großmutter und hat damit keinen Anspruch auf Erziehungsgeld und Elternzeit.

Die Anspruchsvoraussetzung, ob das Kind selbst betreut und erzogen wird, ist ebenso schwierig zu prüfen wie die, ob der Berechtigte mit dem Kind in einem gemeinsamen Haushalt lebt (vgl. Abs. 1 Nr. 2), so dass man sich grundsätzlich auf die Versicherungen des Berechtigten verlassen muss und nur bei Zweifeln, die auf objektiven Anhaltspunkten beruhen, weitergehende Nachweise zu erbringen sind.

Ausnahmen von dem Grundsatz der persönlichen Betreuung und Erziehung des Kindes durch den Berechtigten enthalten **Abs. 4** und **Abs. 5 Satz 1**. Danach bleibt der Anspruch auf Erziehungsgeld unberührt, wenn der Berechtigte aus einem **wichtigen Grund** die Betreuung und Erziehung des Kindes nicht sofort aufnehmen kann oder sie unterbrechen muss. Die **Verhinderung** oder **Unterbrechung der Betreuung und Erziehung** können daher nur Tatbestände erfassen, die von nicht ganz geringfügiger Dauer sind. Wann ein derartiger Grund vorliegt, und von welcher Dauer die Unterbrechung sein darf, ist unklar. Es wird die Auffassung vertreten, dass eine Unterbrechung von zwei bis drei Monaten als vorübergehend angesehen werden kann (so Halbach, DB 1986, Beilage Nr. 1 S. 6; Meisel/Sowka, § 1 Rn. 17; Grüner/Dalichau, § 1 Anm. V; Zmarzlik/Zipperer/Viethen, § 1 Rn. 43). Ein **wichtiger Grund** dürfte z.B. vorliegen, wenn der Berechtigte oder das Kind sich in Krankenhausbehandlung befindet (BT-Drs. 10/3792, S. 15).

Beispiel 1:
Frau Janssen muss nach der Geburt ihres Kindes noch für sechs Wochen im Krankenhaus bleiben. Das Kind wird nach zwei Wochen entlassen. Frau Janssen hat trotzdem grundsätzlich ab dem Tag der Geburt Anspruch auf Erziehungsgeld.

§ 1 BErzGG

Beispiel 2:
Das sechs Monate alte Kind muss wegen einer Lungenentzündung für zwei Wochen ins Krankenhaus. Auch für diese Zeit besteht Anspruch auf Erziehungsgeld.

18 Weitere Voraussetzung für den Anspruch des Berechtigten auf Erziehungsgeld ist, dass neben der Kindesbetreuung und -erziehung keine oder **keine volle Erwerbstätigkeit** ausgeübt wird. »Erwerbstätigkeit« ist jede auf Gewinn oder Einkommen gerichtete Tätigkeit im Rahmen eines Arbeitsverhältnisses oder als Selbständiger (einschließlich mithelfendes Familienmitglied). Da der Gesetzgeber den zur Berufsbildung Beschäftigten den Konflikt ersparen wollte, sich entweder für die Ausbildung oder die Erziehung des Kindes zu entscheiden (BT-Drs. 11/4776, S. 2f zu Art. 1 Nr. 2), bestimmt er in § 2 Abs. 1 BErzGG ausdrücklich, dass eine Beschäftigung zur Berufsbildung keine Vollerwerbstätigkeit darstellt. Damit haben Auszubildende die Möglichkeit, Erziehungsgeld zu beanspruchen und unabhängig davon die Ausbildung fortzusetzen. Demgegenüber ist der Besuch einer Schule, Hochschule oder einer anderen Ausbildungsmaßnahme, die nicht mit einem Beschäftigungsverhältnis verbunden ist, unschädlich im Hinblick auf den Anspruch auf Erziehungsgeld.

19 Keine **volle Erwerbstätigkeit** liegt vor, wenn bereits nach dem bisherigen Inhalt des Arbeitsvertrages, die wöchentliche Arbeitszeit 30 Stunden nicht überschreitet oder für die Dauer der Elternzeit eine Reduzierung der wöchentlichen Arbeitszeit des Berechtigten auf nicht mehr als 30 Stunden vereinbart wurde. Ebenfalls liegt keine volle Erwerbstätigkeit vor, wenn der Arbeitnehmer mit Zustimmung des bisherigen Arbeitgebers bei einem anderen Arbeitgeber oder als Selbständiger in Teilzeit arbeitet und die wöchentliche Arbeitszeit 30 Stunden nicht übersteigt. Damit soll der Kontakt zum Arbeits- und Berufsleben erhalten bleiben, was sowohl dem Familieninteresse als auch dem Interesse des Berechtigten entsprechen dürfte. Zu den weiteren Voraussetzungen vgl. im Einzelnen die Kommentierung zu § 2.

20 In Fällen **besonderer Härte** kann nach **Abs. 5** Satz 1 der Berechtigte Erziehungsgeld erhalten, auch wenn er das Kind nicht selbst betreuen kann und zur Ausübung einer vollen Erwerbstätigkeit gezwungen ist. Der Tod eines Elternteils ist nur ein Beispiel für das Vorliegen besonderer Härte. Das Kind darf während der Arbeitszeit dann anderweitig, z.B. durch Verwandte oder auch in einer Krippe, betreut werden.

21 Ferner kann für den Anspruch auf Erziehungsgeld im Fall besonderer Härte – hier werden Tod eines Elternteils, schwere Krankheit, schwere Behinderung oder erhebliche gefährdete wirtschaftliche Existenz (Abs. 5) als Beispiele angeführt – auch von dem Erfordernis der Personensorge abgesehen werden, wenn die übrigen Voraussetzungen des Abs. 1 vorliegen und eine volle Erwerbstätigkeit möglich sein. Die Anspruchsberechtigung ist jedoch eingeschränkt auf die Verwandten bis zum dritten Grad und de-

BErzGG § 1

ren Ehegatten, also in der Regel Großeltern und (ältere) Geschwister sowie Onkel und Tanten des Kindes, sowie seit dem 1.8.2001 deren eingetragene Lebenspartner (s. Rn. 13). Mit der Gesetzesänderung ist für den Fall einer **besonderen Härte** als weitere Voraussetzung die erheblich gefährdete wirtschaftliche Existenz hinzugekommen, die z.B. erfüllt sein könnte, wenn eine Alleinerziehende (ohne Lebensgefährten im Haushalt) ohne eine volle Erwerbstätigkeit in die Nähe der Sozialhilfeabhängigkeit geraten würde.

EU/EWR-Bürger haben in Anpassung an das EU-Recht einen ausdrücklichen Anspruch auf Gewährung von Erziehungsgeld, sobald sie über einen Wohnsitz in Deutschland verfügen (**Abs. 6**). Der Wohnsitz kann u.a. durch einen Ausweis (Aufenthaltserlaubnis-EWR), eine Bescheinigung durch die Ausländerbehörde oder eine Meldebescheinigung nachgewiesen werden. Ferner sind sie anspruchsberechtigt, wenn sie den Wohnsitz in einem anderen EU/EWR-Gebiet haben oder als Grenzgänger aus einem sonstigen, unmittelbar an Deutschland angrenzenden Staat, eine mehr als geringfügige Beschäftigung ausüben oder in einem öffentlich-rechtlichen Dienst- oder Amtsverhältnis stehen. EU/EWR-Bürger mit Wohnsitz in einem anderen EU/EWR-Gebiet, die eine mehr als geringfügige selbständige Tätigkeit ausüben, sind ebenfalls anspruchsberechtigt (**Abs. 7**). Der Ehegatte ist anspruchsberechtigt, sofern er als EU/EWR-Bürger außerhalb von Deutschland lebt und der andere die zuvor genannten Voraussetzungen erfüllt. 22

Für **Ausländer** gilt als zusätzliche Voraussetzung, dass sie im Besitz einer Aufenthaltsberechtigung oder Aufenthaltserlaubnis sein müssen (**Abs. 6 Nr. 1**). Eine Aufenthaltsbewilligung reicht ebenso wenig aus wie eine Aufenthaltsbefugnis. Es gelten insoweit die ausländerrechtlichen Begriffe. Der Erziehungsgeld gewährende Leistungsträger ist an die Entscheidung der Ausländerbehörde gebunden (BSG v. 24.3.1992 – 14 B/4 Reg 11/91). 23

Für **Asylbewerber** gilt, dass sie während des Asylverfahrens nur ein vorläufiges Anwesenheitsrecht in der Bundesrepublik haben und deshalb keinen Wohnsitz oder gewöhnlichen Aufenthalt begründen können (BSG v. 31.1.1980, BSGE 49, 254; BSG v. 25.6.1987, DVBl. 1987, 1123). **Asylberechtigte**, die unanfechtbar anerkannt sind und anerkannte **Flüchtlinge** haben Anspruch auf Erziehungsgeld (**Abs. 6 Nr. 2 und 3**). Eingetragene **Lebenspartner von homosexuellen Müttern und Vätern** werden aufgrund des Lebenspartnerschaftsgesetzes (BGBl. I S. 266) ebenfalls einbezogen (so bereits Huber, NZA 2000, 1319 m.w.N.). 24

Ausländische Mitbürger (nicht EU- und EWR-Staatsbürger) können im Falle der Verlängerung der Aufenthaltsberechtigung oder Aufenthaltserlaubnis nunmehr **rückwirkend Erziehungsgeld** für höchstens sechs Monate erhalten. Mit dieser Regelung werden unnötige Härten vermieden, da oftmals die Verlängerungen der Aufenthaltsberechtigung bzw. die damit verbundene Erlaubnisfiktion des Ausländergesetzes mit erheblichen Bearbeitungszeiten bei der Ausländerbehörde verbunden sind. 25

§§ 1, 2 BErzGG

26 **Abs. 8** Nicht erwerbstätige Ehegatten oder Lebenspartner (s. Rn. 13) von Mitgliedern der Truppe oder des zivilen Gefolges eines **NATO-Mitgliedstaates**, haben unter den in Abs. 1 und 6 Satz 1 aufgeführten Voraussetzungen ebenfalls Anspruch auf Erziehungsgeld.

27 **Abs. 9** Kein Anspruch auf Erziehungsgeld besteht für Eltern, die im Rahmen eines im Ausland bestehenden Beschäftigungsverhältnisses nach Deutschland entsandt sind und nicht dem deutschen Sozialversicherungsrecht unterliegen. Übt der ihn begleitende Ehegatte oder Lebenspartner in Deutschland jedoch eine mehr als geringfügige Beschäftigung aus, hat er Anspruch auf Erziehungsgeld.

§ 2
Nicht volle Erwerbstätigkeit; *Entgeltersatzleistungen*

(1) Der Antragsteller übt keine volle Erwerbstätigkeit aus, wenn die wöchentliche Arbeitszeit 30 Stunden nicht übersteigt oder eine Beschäftigung zur Berufsbildung ausgeübt wird.

(2) Der Bezug von Arbeitslosengeld, Arbeitslosenhilfe, Eingliederungshilfe für Spätaussiedler, Krankengeld, Verletztengeld oder einer vergleichbaren Entgeltersatzleistung des Dritten, Fünften, Sechsten oder Siebten Buches Sozialgesetzbuch, des Bundesversorgungsgesetzes oder des Soldatenversorgungsgesetzes schließt Erziehungsgeld aus, wenn der Bemessung dieser Entgeltersatzleistung ein Arbeitsentgelt oder -einkommen für eine Beschäftigung mit einer wöchentlichen Arbeitszeit von mehr als 30 Stunden zugrunde liegt. Satz 1 gilt nicht für die zu ihrer Berufsbildung Beschäftigten.

(3) Abweichend von Absatz 2 wird im Härtefall Erziehungsgeld gezahlt, wenn der berechtigten Person nach § 9 Abs. 3 des Mutterschutzgesetzes oder § 18 Abs. 1 aus einem von ihr nicht zu vertretenden Grund zulässig gekündigt worden ist.

1 Der Regelung liegt die Auffassung zugrunde, dass die bisherige 19-Stunden-Grenze zu eng war. Durch die 30-Stunden-Grenze soll sich die praktische Anwendung des Gesetzes erleichtern (BT-Drs. 14/3553, S. 16). Eine Teilzeitarbeit soll zur Ausgeglichenheit des betreuenden Elternteils beitragen und kann die spätere Rückkehr in das Arbeits- und Berufsleben erleichtern (vgl. Begründung zum RegE BT-Drs. 10/3792, S. 15). Die bestmögliche Förderung der Entwicklung des Kindes steht nicht dazu im Gegensatz; vielmehr dürfte diese Regelung dem Wohle des Kindes dienen.

2 **Abs. 1** Der Antragsteller übt keine volle Erwerbstätigkeit aus, wenn die **wöchentliche Arbeitszeit** 30 Stunden nicht übersteigt. Erst wenn die Beschäftigung theoretisch 30 Stunden und eine Minute und mehr beträgt, liegt eine Überschreitung der 30-Stunden-Grenze vor. Abzustellen ist stets auf die Wochenarbeitszeit. Vereinbarte Arbeitszeiten für andere Zeiträume, z.B. Monats- oder Jahresarbeitszeiten müssen auf die wöchentliche Arbeitszeit

BErzGG § 2

umgerechnet werden. Bei schwankenden Arbeitszeiten ist von der voraussichtlichen Gestaltung des ganzen Beschäftigungsverhältnisses auszugehen und die auf die Woche entfallende durchschnittliche Arbeitszeit zugrunde zu legen (vgl. BSG v. 22.8.1984 – 7 Ar 12/83).

Erwerbstätigkeit ist jede Beschäftigung, die gegen Entgelt verrichtet wird. Somit gehört auch die Tätigkeit Selbständiger und mithelfender Familienangehöriger dazu. Es kommt nicht auf die Höhe der Vergütung oder des erzielten Gewinns an. Bei **Heimarbeitern** ist von der vereinbarten Heimarbeitsmenge auszugehen und abzustellen auf die tatsächliche Abwicklung des Heimarbeitsverhältnisses, die am erzielten Heimarbeitsentgelt abzulesen ist. Unter Zugrundelegung der Stückentgelte sowie von »Mindeststundenentgelten« oder »Grundentgelten« kann die wöchentliche Stundenzahl berechnet werden (vgl. Zmarzlik/Zipperer/Viethen, § 2 Rn. 11). **3**

Schüler und **Studenten** üben keine Erwerbstätigkeit aus, so dass sie unabhängig von der zeitlichen Beanspruchung Erziehungsgeld beziehen können. Ebenso sind Personen nicht erwerbstätig, die sich für **karitative, religiöse** oder **ideelle** Zwecke einsetzen oder beispielsweise durch Ableisten des Wehr- und Zivildienstes oder der Übernahme eines Ehrenamtes einer gesetzlichen Pflicht nachkommen, auch wenn eine Entschädigung für diese Tätigkeit gezahlt wird (vgl. Zmarzlik/Zipperer/Viethen, § 2 Rn. 6). **4**

Neben dem gleichzeitigen Bezug von Erziehungsgeld ist **Erwerbstätigkeit** für jeden Elternteil **bis 30 Stunden in der Woche** möglich. Bisher konnten Arbeitnehmerinnen und Arbeitnehmer nur bis 19 Stunden in der Woche in Teilzeit arbeiten. Damit wird den Berechtigten die Möglichkeit eröffnet, eine Teilzeittätigkeit aufzunehmen, die eine reelle Chance dafür bietet, Kinderbetreuung und Beruf miteinander zu verbinden und Erziehungsgeld zu erhalten. Bei dieser Stundenzahl besteht allerdings die Gefahr einer Überschreitung der in § 5 geregelten Einkommensgrenzen, was eine entsprechende Reduzierung des Erziehungsgeldes zur Folge hätte. Es bestehen erhebliche Bedenken, ob bei einer derartigen Reduzierung der Arbeitszeit zugunsten der Kinderbetreuung noch eine Grundlage für eine Honorierung der Erziehungsarbeit gegeben ist (s.a. Huber, NZA 2000, 1319). **5**

Wird die 30-Stunden-Grenze gelegentlich z.B. bei einer Krankheits- oder Urlaubsvertretung gering überschritten, ist das für den Erziehungsgeldbezug unschädlich. Wann eine geringe Überschreitung vorliegt, ist vor allem nach der Dauer des Arbeitsverhältnisses zu beurteilen. Bei auf Dauer angelegten Arbeitsverhältnissen ist eine Abweichungsdauer bis zu sechs Wochen als gering anzusehen. **6**

Beispiel:
Die vor der Elternzeit in Vollzeit beschäftigte Frau Haller arbeitet nunmehr laut Arbeitsvertrag wöchentlich 24 Stunden. Aufgrund der Erkrankung ihrer Kollegin arbeitete sie vier Wochen lang 34 Stunden wöchentlich. Sie behält ihren Anspruch auf Erziehungsgeld.

§ 2 BErzGG

7 In der Regel reicht die Angabe des Arbeitnehmers, dass er 30 Stunden wöchentlich arbeitet; nur bei begründeten Zweifeln muss er den Beweis, z.B. durch Vorlage des Arbeitsvertrages oder eines anderen geeigneten schriftlichen Nachweises, erbringen.

8 Mit der erweiterten Grenze für die zulässige Tätigkeit entfällt die bisherige unterschiedliche Regelung für Arbeitnehmer und Beamte.

9 Eine Beschäftigung zur beruflichen Bildung ist allgemein für den Bezug von Erziehungsgeld unschädlich. Unerheblich ist, ob die berufliche Bildung in einem Ausbildungsverhältnis oder Arbeitsverhältnis vermittelt wird. Ebenfalls ist ohne Bedeutung, ob der zur Berufsbildung Beschäftigte Ausbildungsvergütung oder Arbeitsentgelt erhält. Es fallen also unter diese Bestimmung sowohl Beschäftigte in Berufsausbildungsverhältnissen oder in praktischer Ausbildung als Lernschwester wie auch Anlernlinge, Volontäre, Praktikanten, Ärzte im Praktikum nach der Bundesärzteordnung, Beschäftigte zur Fortbildung, Weiterbildung, Umschulung sowie alle Beschäftigten in Bildungsverhältnissen, die zu einer beruflichen Qualifikation führen sollen (vgl. Zmarzlik/Zipperer/Viethen, § 2 Rn. 26). Berufsbildung im Sinne des § 2 ist nicht nur die Ausbildung zum ersten beruflichen Abschluss, sondern auch eine darauf aufbauende weitere Ausbildung zum beruflichen Aufstieg (BSG v. 3.11.1993 – 14 b Reg 3/93). Mit dieser Regelung soll es auch den Auszubildenden ermöglicht werden, Erziehungsgeld in Anspruch zu nehmen, ohne ihre Ausbildung zu unterbrechen. Eine derartige Regelung erscheint gerechtfertigt, da eine abgeschlossene Berufsausbildung für den künftigen Werdegang von entscheidender Bedeutung ist. Vor allem soll der Konflikt verhindert werden, sich entweder für den Abschluss der Ausbildung oder für das Kind entscheiden zu müssen.

10 **Arbeitslosengeld** und andere Entgeltersatzleistungen können **zusätzlich zu dem Erziehungsgeld** bezogen werden (**Abs. 2**). Voraussetzung ist allerdings, dass diesen Leistungen kein Einkommen aus einer Tätigkeit von mehr als 30 Stunden in der Woche zugrunde liegt.

11 Wegen der vielfältigen und unterschiedlichen Leistungsarten, die als Entgeltersatzleistungen gelten (vgl. z.B. §§ 116, 430 SGB III), sind diese nicht abschließend aufgezählt. Durch die aufgezählten Sozialgesetze erfolgt aber eine Abgrenzung.

12 Die Voraussetzungen für die Gewährung von **Arbeitslosengeld** sind in § 117 SGB III geregelt. Anspruch auf Arbeitslosengeld hat, wer arbeitslos ist, sich beim Arbeitsamt arbeitslos gemeldet und die Anwartschaftszeit erfüllt hat. **Arbeitslosenhilfe** ist ebenfalls eine Entgeltersatzleistung, auch wenn anders als beim Arbeitslosengeld diese Leistung unter Bedürftigkeitsgesichtspunkten gezahlt wird (BT-Drs. 10/4212, S. 3 und 5), und schließt Erziehungsgeld dann aus, wenn deren Bemessung ein Einkommen von mehr als 30 Wochenstunden zugrunde liegt. Dies gilt ebenfalls für den Bezug von Eingliederungshilfe für Spätaussiedler und für Bezüge nach dem Bundes- oder Soldatenversorgungsgesetz.

BErzGG § 2

Anspruch auf **Krankengeld** haben Versicherte nach § 44 SGB V insbesondere dann, wenn die Krankheit sie arbeitsunfähig macht. **Verletztengeld** wird vom Träger der Unfallversicherung als Rehabilitationsleistung erbracht (§§ 45 ff. SGB VII). Um **vergleichbare Entgeltersatzleistungen** handelt es sich z.B. beim Übergangsgeld und Unterhaltsgeld. Übergangsgeld erbringt der Träger der Rehabilitation (gemäß §§ 20, 21 SGB VI) in Zusammenhang mit medizinischen oder beruflichen Maßnahmen zur Rehabilitation. Unterhaltsgeld nach §§ 153 ff. SGB III ist eine Förderungsleistung bei Teilnahme an einer für die Weiterbildungsförderung anerkannten Vollzeit- oder Teilzeitmaßnahme. **13**

Während der Elternzeit ruhen die in Rn. 13 aufgeführten Ansprüche. Hiervon gibt es Ausnahmen, in denen neben dem Anspruch auf Krankengeld während der Elternzeit Erziehungsgeld gezahlt wird: Ist die Arbeitsunfähigkeit bereits vor Beginn der Elternzeit eingetreten, ist es für den Anspruch auf Krankengeld ohne Bedeutung, welchen Umfang die Erwerbstätigkeit hat, die der Bemessung der Leistung zugrunde liegt. Tritt Arbeitsunfähigkeit während einer versicherungspflichtigen Beschäftigung mit einer wöchentlichen Arbeitszeit von 30 Stunden oder weniger während der Elternzeit ein, ist neben Krankengeld oder bei einem Arbeitsunfall ggf. Verletztengeld zu zahlen, ohne dass dieses den Anspruch auf Erziehungsgeld beeinträchtigt (vgl. Zmarzlik/Zipperer/Viethen, § 2 Rn. 46 ff.). **14**

Personen, die z.B. vor der Geburt des Kindes nicht erwerbstätig waren oder selbständig sind, haben zwar keinen Anspruch auf Elternzeit, jedoch grundsätzlich auf Erziehungsgeld. Nehmen diese nun eine Tätigkeit von 30 Stunden oder weniger auf, besteht bei Arbeitsunfähigkeit neben dem Anspruch auf Erziehungsgeld Anspruch auf Krankengeld, für das für die Bemessung das Regelentgelt aus der Teilzeitarbeit zugrunde zu legen ist (vgl. Zmarzlik/Zipperer/Viethen, § 2 Rn. 55). **15**

Kurzarbeitergeld und **Winterausfallgeld** sind Lohnersatzleistungen, die für Ausfallstunden innerhalb eines fortbestehenden Arbeitsverhältnisses gezahlt werden. Bezieher dieser Leistungen erhalten nur dann Erziehungsgeld, wenn die vereinbarte regelmäßige Arbeitszeit 30 Wochenstunden nicht überschreitet; es kommt nicht auf die vorübergehende tatsächliche Arbeitszeit an (Zmarzlik/Zipperer/Viethen, § 2 Rn. 68; Grüner-Dalichau, § 2 Anm. III 2). **16**

Der Bezug von Arbeitslosengeld oder anderer Entgeltersatzleistungen nach einer Bemessung aus einem Entgelt von mehr als 30 Wochenstunden, kann ausnahmsweise gemäß der Härteregelung des **Abs. 3** für den Bezug von Erziehungsgeld unschädlich sein. Voraussetzung dafür ist, dass dem Arbeitnehmer nach der Geburt des Kindes aus wichtigem Grund gekündigt worden ist, den er nicht zu vertreten hat (insbesondere betriebsbedingte Gründe), die Kündigung ausnahmsweise nach § 9 MuSchG oder § 18 BErzGG (vgl. § 18 Rn. 19) zulässig war und der Wegfall des Erziehungsgeldes eine Härte bedeuten würde. Der Zusatz »unbillige« wurde für **17**

§§ 2, 3 BErzGG

den unbestimmten Begriff Härte in der letzten Gesetzesänderung nicht mehr aufgenommen. Eine Härte könnte vorliegen, wenn der Arbeitnehmer ohne den Bezug von Erziehungsgeld nicht selbst für seinen und den Unterhalt des Kindes aufkommen könnte (BT-Drs. 11/4687, S. 7).

§ 3
Zusammentreffen von Ansprüchen

(1) Für die Betreuung und Erziehung eines Kindes wird nur einer Person Erziehungsgeld gezahlt. Werden in einem Haushalt mehrere Kinder betreut und erzogen, wird für jedes Kind Erziehungsgeld gezahlt.

(2) Erfüllen beide *Elternteile oder Lebenspartner* die Anspruchsvoraussetzungen, so wird das Erziehungsgeld demjenigen gezahlt, den sie zum Berechtigten bestimmen. Wird die Bestimmung nicht im Antrag auf Erziehungsgeld getroffen, ist die *Mutter* die Berechtigte; *Entsprechendes gilt für den Lebenspartner, der Elternteil ist.* Die Bestimmung kann nur geändert werden, wenn die Betreuung und Erziehung des Kindes nicht mehr sichergestellt werden kann.

(3) Einem nicht sorgeberechtigten Elternteil kann Erziehungsgeld nur mit Zustimmung des sorgeberechtigten Elternteils gezahlt werden.

(4) Ein Wechsel in der Anspruchsberechtigung wird mit Beginn des folgenden Lebensmonats des Kindes wirksam.

1 Mit dieser Vorschrift ist beabsichtigt, Rechtsstreitigkeiten über die **Anspruchsberechtigung** sowie **Doppelleistungen** zu vermeiden.

2 Abs. 1 Erziehungsgeld wird grundsätzlich nur einer Person gezahlt, auch wenn mehrere das Kind gleichzeitig betreuen und erziehen.

Beispiel:
Frau Reber ist selbständig als Kosmetikerin tätig. Ihre durchschnittliche Wochenarbeitszeit übersteigt nicht 30 Stunden. Herr Reber ist als Programmierer mit 30 Wochenstunden teilzeitbeschäftigt. Beide teilen sich die Betreuung ihres Kindes und erfüllen somit die Anspruchsvoraussetzungen.

3 Werden **mehrere anspruchsbegründende Kinder** in einem Haushalt betreut und erzogen, wird in demselben Zeitraum für jedes Kind Erziehungsgeld gezahlt (Abs. 1 Satz 2). Es können in diesem Fall auch beide Elternteile oder Lebenspartner Erziehungsgeldberechtigte sein. Diese Regelung betrifft insbesondere den Fall von Mehrlingsgeburten, aber auch wenn innerhalb des Bezugzeitraumes für ein Kind ein **weiteres Kind** geboren wird oder ein oder weitere Kinder in den Haushalt als »Stiefkinder« oder mit dem Ziel der Annahme aufgenommen werden. Damit soll der erhöhte Betreuungs- und Erziehungsaufwand angemessen berücksichtigt werden (BT-Drs. 11/4708, S. 3).

4 Abs. 2 Mit der Neuregelung zum 1.1.2001 wurden die Begriffe »Ehegatte« und »Ehefrau« in »Elternteile« und »Mutter« – wie auch in anderen Vor-

BErzGG § 3

schriften des BErzGG – geändert und damit ausdrücklich die Geltung auch für unverheiratete Eltern bestimmt. Seit dem 1.8.2001 gilt diese Vorschrift auch für homosexuelle Paare, die in einer eingetragenen Lebenspartnerschaft i.S.d. LPartG leben (s.a. § 1 Rn. 13).

Erfüllen beide Elternteile oder Lebenspartner gleichzeitig die Voraussetzungen für den Erziehungsgeldbezug, wird das Erziehungsgeld nach Abs. 2 Satz 1 demjenigen gewährt, den sie zum **Berechtigten bestimmen**. 5

Sie können auch bestimmen, dass die Zeit des Erziehungsgeldbezugs aufgeteilt wird. Die Mutter und der Vater können sich in der Kinderbetreuung auch **mehrfach abwechseln** (vgl. Meisel/Sowka, § 3 Rn. 4). 6

Erfüllen – wie im Beispiel (Rn. 2) – beide Elternteile die Anspruchsvoraussetzungen für den Erziehungsgeldbezug, muss die Bestimmung, wer Erziehungsgeldberechtigter sein soll sowie ein evtl. vorgesehener Wechsel in der Person, der Erziehungsgeldstelle bereits schriftlich im Antrag mitgeteilt werden (vgl. Abs. 2 Satz 2). Das Antragsformular ist von beiden Elternteilen oder Lebenspartnern zu unterschreiben. Wird im Antrag keine Bestimmung getroffen oder können sich die Beteiligten nicht einigen, ist gemäß Abs. 2 Satz 2 die Mutter oder der (eingetragene) Lebenspartner, der Elternteil ist, die bzw. der Berechtigte. Mit dieser Bestimmung sollen Verzögerungen bei der Auszahlung des Erziehungsgeldes vermieden werden. 7

Minderjährige können mit Vollendung des fünfzehnten Lebensjahres nach § 36 Abs. 1 SGB I selbst Erziehungsgeld beantragen und die Bestimmung treffen, wer Erziehungsgeldberechtigter sein soll. Ihre Handlungsfähigkeit kann jedoch von dem gesetzlichen Vertreter (§ 36 Abs. 2 SGB I) beschränkt werden. 8

Ein **nachträglicher Wechsel** in der Bestimmung des Berechtigten ist grundsätzlich nur möglich, wenn die Betreuung und Erziehung des Kindes nicht mehr sichergestellt werden kann (Abs. 2 Satz 3). Dies kann der Fall sein, wenn sich die Aufgabenverteilung in der Familie ändert, z.B. durch eine intensivere Erwerbstätigkeit, bei längerer stationärer Behandlung, bei plötzlich eintretender schwerer Behinderung oder mehrmonatiger Haft, und es unmöglich oder unzumutbar ist, das Kind in dem gebotenen Umfang zu betreuen oder zu erziehen (Zmarzlik/Zipperer/Viethen, § 3 Rn. 8). 9

Abs. 3 Auch ein nichtsorgeberechtigter Elternteil, insbesondere der mit der Mutter nicht verheiratete Vater, kann Anspruch auf Erziehungsgeld haben. Er erhält dieses jedoch nur dann, wenn die sorgeberechtigte Mutter dem zustimmt. Für die Zustimmung ist ausreichend, dass sie den Antrag, in dem der Nichtsorgeberechtigte zum Berechtigten des Erziehungsgeldbezugs bestimmt wird, mitunterzeichnet (vgl. Zmarlik/Zipperer/Viethen, § 3 Rn. 9). 10

Nach **Abs. 4** ist ein Wechsel in der Anspruchsberechtigung mit Beginn des folgenden Lebensmonats des Kindes wirksam. Von den Eltern soll nicht mitten im Lebensmonat des Kindes ein Wechsel in der Erziehungsgeldberechtigung herbeigeführt werden. Die Vorschrift hat aber auch Bedeutung, wenn ein Wechsel erforderlich wird, weil die Anspruchsvoraussetzungen 11

§§ 3, 4 BErzGG

bei den bisher Berechtigten weggefallen sind (z.B. Tod eines Elternteils und der andere übernimmt die Betreuung). Auch dient die Vorschrift der verwaltungstechnischen Vereinfachung, den gesamten Monatsbetrag des Erziehungsgeldes auszuzahlen (Zmarzlik/Zipperer/Viethen, § 3 Rn. 10; Meisel/Sowka, § 3 Rn. 7).

§ 4
Beginn und Ende des Anspruchs

(1) Erziehungsgeld wird vom Tag der Geburt bis zur Vollendung des vierundzwanzigsten Lebensmonats gezahlt. Für angenommene Kinder und Kinder im Sinne des § 1 Abs. 3 Nr. 1 wird Erziehungsgeld von der Inobhutnahme an *für die Dauer von bis zu zwei Jahren* und längstens bis zur Vollendung des *achten* Lebensjahres *gezahlt*.

(2) Erziehungsgeld ist schriftlich für jeweils ein Lebensjahr zu beantragen. Der Antrag für das zweite Lebensjahr kann frühestens ab dem neunten Lebensmonat des Kindes gestellt werden. Rückwirkend wird Erziehungsgeld höchstens für sechs Monate vor der Antragstellung bewilligt. Für die ersten sechs Lebensmonate kann Erziehungsgeld unter dem Vorbehalt der Rückforderung bewilligt werden, wenn das Einkommen nach den Angaben des Antragstellers unterhalb der Einkommensgrenze nach § 5 Abs. 2 Satz 1 und 3 liegt, und die voraussichtlichen Einkünfte im Kalenderjahr der Geburt nicht ohne weitere Prüfung abschließend ermittelt werden können.

(3) Vor Erreichen der Altersgrenze (Absatz 1) endet der Anspruch mit dem Ablauf des Lebensmonats, in dem eine der Anspruchsvoraussetzungen entfallen ist. In den Fällen des § 16 Abs. 4 wird das Erziehungsgeld bis zur Beendigung *der Elternzeit* weitergezahlt.

1 Abs. 1 legt den Zeitraum fest, für den **längstens** Erziehungsgeld gezahlt wird, und zwar bis zur **Vollendung des 24. Lebensmonats** (nicht Kalendermonat) des Kindes. Für angenommene Kinder und Kinder in Adoptionspflege ist ein Bezug von Erziehungsgeld bis zur Vollendung des achten Lebensjahres möglich.

2 Für die **Berechnung der Frist** wird in § 10 Abs. 2 zur Ausführung der Bestimmungen über das Erziehungsgeld auf das Erste Kapitel des Zehnten Buches Sozialgesetzbuch verwiesen. Damit sind gemäß § 26 Abs. 1 SGB X die Vorschriften der §§ 187 bis 193 BGB entsprechend anwendbar. Der Anspruch beginnt danach mit dem **Tag der Geburt** (bzw. Inobhutnahme) – dieser Tag ist mitzurechnen – und endet mit Ablauf des Tages des letzten Monats, welcher dem Tag vorangeht, der durch seine Zahl dem Anfangstag entspricht. Ist das Kind z.B. am 28.1.2001 geboren, endet der Anspruch auf Erziehungsgeld spätestens am 27.1.2003. Fehlt im letzten Monat der Frist der maßgebliche Tag, so endet die Frist mit dem Ablauf des letzten Tages dieses Monats; ist das Kind also beispielsweise am 1.3.2001 geboren, endet der Anspruch auf Erziehungsgeld am 28.2.2003.

Wegen der Anrechnung von **Mutterschaftsgeld** gemäß § 7 oder durch die 3
nur einkommensabhängige Gewährung von Erziehungsgeld gemäß §§ 5
und 6 kann sich die Bezugsdauer verkürzen.

Abs. 2 Der **Antrag** auf Erziehungsgeld ist **schriftlich** bei der nach § 10 zu- 4
ständigen Behörde zu stellen. Er kann gemäß § 16 Abs. 1 Satz 1 SGB I
auch bei anderen Leistungsträgern, bei allen Gemeinden und bei Personen, die sich im Ausland aufhalten, auch vor den amtlichen Vertretungen von Deutschland gestellt werden und ist dann an die jeweils zuständige Stelle weiterzuleiten (§ 16 Abs. 2 SGB I). Der Antrag kann **jeweils für ein Lebensjahr** des Kindes gestellt werden. Da in den §§ 5 und 6 auf das aktuelle Einkommen abgestellt wird, wurde es als erforderlich angesehen, das Erziehungsgeld sowohl im ersten als auch im zweiten Lebensjahr des Kindes zu beantragen (vgl. BT-Drs. 12/4401, S. 74); der Anspruchsberechtigte hat also **in der Regel zwei Anträge** zu stellen. Um zu gewährleisten, dass das »voraussichtliche Einkommen« (§ 6 Abs. 2) möglichst aktuell berechnet werden kann und um es für eine eventuell in Betracht kommende Minderung des Erziehungsgeldes heranziehen zu können, kann der zweite Antrag frühestens ab dem neunten Lebensmonat des Kindes gestellt werden.

Antragsberechtigt sind auch **Minderjährige**, die das 15. Lebensjahr vollen- 5
det haben (vgl. § 36 Abs. 1 SGB I – Sonderregelung zu den §§ 104 ff. BGB).
Die Handlungsfähigkeit kann jedoch gemäß § 36 Abs. 2 SGB I vom gesetzlichen Vertreter eingeschränkt werden. Daher wird die Bewilligungsbehörde den gesetzlichen Vertreter über den Antragseingang unterrichten und innerhalb der gesetzten Frist evtl. Einwendungen entgegennehmen. Für Geschäftsunfähige, soweit diese die Anspruchsvoraussetzungen erfüllen, kann nur der gesetzliche Vertreter rechtswirksam den Antrag stellen.

Erziehungsgeld wird auf den Antrag hin höchstens für **sechs Monate rückwir-** 6
kend ab tatsächlichem Eingang bei der zuständigen Stelle oder einer der in
§ 10 Rn. 2 f. genannten Stellen gezahlt. Läuft die Frist an einem Sonnabend, Sonntag oder gesetzlichen Feiertag ab, endet sie an dem nächstfolgenden Werktag (§ 26 Abs. 3 SGB X). Die Ausschlussfrist läßt grundsätzlich keine Ausnahmen zu. Im Einzelfall kann die Berufung auf die Ausschlussfrist jedoch rechtsmissbräuchlich sein und gegen Treu und Glauben verstoßen, wenn die zuständige Behörde das Versäumen der Frist durch den Antragsteller herbeigeführt oder durch ihr Verhalten den Antragsteller von der Fristwahrung abgehalten hat (vgl. Grüner-Dalichau, § 4 Anm. III 5 m.w.N.). Eine Wiedereinsetzung in den vorigen Stand ist – auch bei unverschuldeter Versäumnis – ausgeschlossen (vgl. § 27 Abs. 5 SGB X).

Die Ausschlussfrist hat Bedeutung für die rückwirkende Leistungsgewäh- 7
rung; der Antrag kann auch noch später gestellt werden. Es kann dann aber nur noch ein Restanspruch – zuletzt für einen Monat – geltend gemacht werden. Fällig zur Zahlung wird das Erziehungsgeld am letzten Werktag des jeweiligen Lebensmonats des Kindes.

§ 4, 5 BErzGG

8 In Zusammenhang mit der Regelung, dass das Erziehungsgeld bei Übersteigen bestimmter Einkommensgrenzen auch in den ersten sechs Lebensmonaten entfällt (vgl. § 5 Abs. 2 Satz 1), kann es für diesen Zeitraum unter dem Vorbehalt der Rückforderung bewilligt werden.

9 Abs. 3 Fallen die Anspruchsvoraussetzungen (§ 1 Rn. 3 bis 26) im Laufe eines Lebensmonats des Kindes weg, **endet der Anspruch grundsätzlich mit dem Ablauf dieses Lebensmonats.**

Beispiel:
Frau Ewert erhält für ihr am 26. Februar geborenes Kind Erziehungsgeld. Ab 1. September arbeitet Frau Ewert wieder als technische Zeichnerin 37,5 Std./Woche. Obwohl an diesem Tag die Anspruchsvoraussetzungen entfallen sind, erhält sie noch Erziehungsgeld in voller Höhe für den gesamten siebten Lebensmonat ihres Kindes, d.h. bis zum 25. September. Eine Kürzung für die Zeit vom 1. bis 25. September ist nicht vorzunehmen.

10 Stirbt das Kind während sich der Erziehungsgeldberechtigte in Elternzeit befindet, endet der Anspruch auf Erziehungsgeld mit der Beendigung der Elternzeit, d.h. spätestens drei Wochen nach dem Tod des Kindes (§§ 4 Abs. 1, 16 Abs. 4).

§ 5
Höhe des Erziehungsgeldes; Einkommensgrenzen
(Änderung ab 1.1.2002; s. Anhang Seite 134f.)

(1) Das monatliche Erziehungsgeld beträgt bei einer beantragten Zahlung für längstens bis zur Vollendung des

1. 12. Lebensmonats 900 Deutsche Mark (Budget),

2. 24. Lebensmonats 600 Deutsche Mark.

Soweit Erziehungsgeld wegen der Einkommensgrenzen nach Absatz 2 nur für die ersten sechs Lebensmonate möglich ist oder war, entfällt das Budget. Der nach Satz 2 zu unrecht gezahlte Budgetanteil von bis zu 1800 Deutsche Mark ist zu erstatten. Die Entscheidung des Antragstellers für das Erziehungsgeld nach Satz 1 Nr. 1 oder 2 ist für die volle Bezugsdauer verbindlich; in Fällen besonderer Härte (§ 1 Abs. 5) ist eine einmalige Änderung möglich. Entscheidet er sich nicht, gilt die Regelung nach Nummer 2.

(2) In den ersten sechs Lebensmonaten des Kindes entfällt das Erziehungsgeld, wenn das Einkommen nach § 6 bei *Ehegatten, die nicht dauernd getrennt leben,* **100000 Deutsche Mark und bei anderen Berechtigten 75000 Deutsche Mark übersteigt. Vom Beginn des siebten Lebensmonats an** *verringert sich das Erziehungsgeld,* **wenn das Einkommen nach § 6 bei** *Ehegatten, die nicht dauernd getrennt leben,* **32200 Deutsche Mark und bei anderen Berechtigten** *26400 Deutsche Mark* **übersteigt. Die Beträge** *dieser* **Einkommensgrenzen erhöhen sich um** *4800 Deutsche Mark* **für jedes weitere Kind**

BErzGG § 5

des Berechtigten oder seines nicht dauernd von ihm getrennt lebenden Ehegatten, für das ihm oder seinem Ehegatten Kindergeld *gezahlt* wird oder ohne die Anwendung des § 65 Abs. 1 des Einkommensteuergesetzes oder des § 4 Abs. 1 des Bundeskindergeldgesetzes *gezahlt* würde. *Maßgeblich sind, abgesehen von ausdrücklich abweichenden Regelungen dieses Gesetzes, die Verhältnisse zum Zeitpunkt der Antragstellung. Für Eltern in einer eheähnlichen Gemeinschaft gelten die Vorschriften zur Einkommensgrenze für Verheiratete, die nicht dauernd getrennt leben. Für Lebenspartner gilt die Einkommensgrenze für Verheiratete entsprechend.*

(3) Das Erziehungsgeld nach Absatz 1 Satz 1 Nr. 1 (Budget) verringert sich um 6,2 Prozent des Einkommens, das die in Absatz 2 Satz 2, 3 geregelten Grenzen übersteigt, das Erziehungsgeld nach Absatz 1 Satz 1 Nr. 2 verringert sich um 4,2 Prozent dieses Einkommens.

(4) Das Erziehungsgeld wird im Laufe des Lebensmonats gezahlt, für den es bestimmt ist. Soweit Erziehungsgeld für Teile von Monaten zu leisten ist, beträgt es für einen Kalendertag ein Dreißigstel des jeweiligen Monatsbetrages. Ein Betrag von monatlich weniger als *20 Deutsche Mark wird nicht gezahlt.* Auszuzahlende Beträge sind auf Deutsche Mark zu runden und zwar unter 50 Deutsche Pfennig nach unten, sonst nach oben.

(5) In Absatz 2 Satz 3 tritt an die Stelle des Betrages von 4800 Deutsche Mark

1. für Geburten im Jahr 2002 der Betrag von 5470 Deutsche Mark,

2. für Geburten ab dem Jahr 2003 der Betrag von 6140 Deutsche Mark.

Abs. 1 Anspruchsberechtigte haben künftig die Wahlmöglichkeit zwischen einem Erziehungsgeld für zwei Jahre mit einem monatlichen Höchstbetrag von 600 DM oder dem so genannten budgetierten Erziehungsgeld begrenzt auf das erste Lebensjahr des Kindes mit einem monatlichen Höchstbetrag von 900 DM. **1**

Besteht ein Anspruch auf Erziehungsgeld unter Berücksichtigung der Einkommensgrenzen nur für die ersten sechs Lebensmonate des Kindes ist das Budget nicht möglich. Es kann nachträglich entfallen. Der zuviel gezahlte Budgetanteil – im Regelfall ein Betrag von 1800 DM (Differenz zwischen 900 DM und 600 DM für sechs Monate) ist deshalb, mit Ausnahme des Todes des Kindes, zu erstatten (BT-Drs. 14/3353, S. 17). Mit dieser **Rückerstattungspflicht** soll eine Privilegierung höherer Einkommensschichten verhindert werden (Peter, AiB 2000, 713). **2**

Die **Wahl des Budgets**, also für das erste Lebensjahr des Kindes Erziehungsgeld in Höhe von 900 DM zu beziehen, ist **verbindlich**. Eine Ausnahme gilt nur in Fällen besonderer Härte (Tod eines Elternteils, einer der Elternteile leidet unter einer schweren Krankheit, ist behindert oder die wirtschaftliche Existenz ist erheblich gefährdet). Die Eltern müssen bereits beim ersten Antrag eine der Alternativen wählen. Ohne ihre Entscheidung wird von der Regelleistung (Erziehungsgeld für zwei Jahre und zwar höchstens 600 DM) ausgegangen. **3**

§ 5 BErzGG

4 Das Erziehungsgeld ist einkommensabhängig und sieht die nachfolgend aufgeführten unterschiedlichen **Einkommensgrenzen** vor, ab denen das Erziehungsgeld entfällt oder gemindert wird. Für die Berechnung der Einkommensgrenzen ist das gemäß § 6 zu ermittelnde Einkommen maßgeblich.

a) Für die ersten sechs Lebensmonate des Kindes:
 - 100 000 DM bei Ehegatten, die nicht dauernd getrennt oder die mit dem anderen Elternteil des Kindes in einer eheähnlichen Gemeinschaft leben, bzw. bei gleichgeschlechtlichen Paaren, die in einer eingetragenen Lebensgemeinschaft leben,
 - 75 000 DM bei allen anderen berechtigten Personen,

b) für die weiteren Lebensmonate des Kindes (7. bis 12. bzw. 13. bis 24.):
 - 32 200 DM bei Ehegatten, die nicht dauernd getrennt oder mit dem anderen Elternteil des Kindes in einer eheähnlichen Gemeinschaft leben, und bei Lebenspartnern,
 - 26 400 DM bei allen anderen berechtigten Personen.

5 Die Beträge dieser Einkommensgrenzen erhöhen sich in 2001 um jeweils 4800 DM für jedes **weitere Kind** des Berechtigten oder seines nicht dauernd von ihm getrennt lebenden Ehegatten oder seines Lebenspartners (s.a. § 1 Rn. 13). Voraussetzung ist, dass zuvor der Berechtigte, einer der in eheähnlicher Gemeinschaft lebenden Elternteile bzw. einer der Lebenspartner Anspruch auf Kindergeld oder vergleichbare Leistungen hat (z.B. Kinderzulage in der gesetzlichen Unfallversicherung, Kinderzuschüsse aus den gesetzlichen Rentenversicherungen, Kinderzuschlag im öffentlichen Dienst). Die Erhöhung beträgt im Jahr 2002 5470 DM und ab dem Jahr 2003 6140 DM (**Abs. 5**).

6 Bei der Feststellung, ob Ehegatten dauernd getrennt leben oder ob weitere Kinder vorhanden sind und sich daher die Einkommensgrenze erhöht, ist auf den **Zeitpunkt der Antragstellung** abzustellen. Spätere Veränderungen in den persönlichen Verhältnissen bleiben unberücksichtigt.

7 Für Eltern in **eheähnlicher Gemeinschaft** gilt die Einkommensgrenze für Verheiratete, die nicht dauernd getrennt leben. Von einer eheähnlichen Gemeinschaft ist auszugehen, wenn zwischen den Partnern so enge Beziehungen bestehen, dass von ihnen ein gegenseitiges Einstehen füreinander erwartet werden kann (BVerfG v. 17.11.1992, NJW 1993, 643). Nicht miteinander verheiratete Elternteile des Kindes haben im Antrag zu erklären, ob sie bzw. er in eheähnlicher Gemeinschaft lebt (vgl. Zmarzlik/Zipperer/Viethen, § 5 Rn. 9).

8 Liegt das Nettoeinkommen über den Einkommensgrenzen muss nicht auf Erziehungsgeld verzichtet werden. Zunächst tritt eine **Minderung des Erziehungsgeldes** bei Überschreiten der maßgeblichen Einkommensgrenzen ein, und zwar hinsichtlich des budgetierten Erziehungsgeldes von 900 DM um 6,2% und des unbudgetierten Erziehungsgeldes von 600 DM um 4,2%. Das bedeutet, dass 6,2% bzw. 4,2% des Differenzbetrages zwischen obigen

Einkommensgrenzen und tatsächlichem Einkommen der Berechtigten den Betrag ergibt, um den das monatliche Erziehungsgeld verringert wird.

Zur Veranschaulichung folgendes Beispiel:

– jährliches Bruttoeinkommen	50 000 DM
– abzüglich Werbungskosten	2 000 DM
– positive Einkünfte	48 000 DM
– Abzug 27 %	12 960 DM
– zu berücksichtigendes Einkommen	35 040 DM
maßgebliche neue Einkommensgrenze für Eltern mit einem Kind	32 200 DM
– übersteigendes Einkommen	2 840 DM
4,2 % von 2840 DM	119 DM
Betrag des verringerten nichtbudgetierten Erziehungsgeldes (600 DM ./. 119 DM)	481 DM
6,2 % von 2840 DM (Budgetfall)	176 DM
monatliches Erziehungsgeld im Budgetfall ab dem 7. Lebensmonat (900 DM ./. 176 DM)	724 DM

Eine Budgetierung ist vor allem interessant für Eltern oder Lebenspartner, die eine kurze Elternzeit planen (Peter, AiB 2000, 713) und/oder wenn ab dem 13. Lebensmonat des Kindes mit Einkommenssteigerungen und entsprechend mit Erziehungsgeldkürzungen zu rechnen ist (Huber, NZA 2000, 1319). Zu beachten ist, dass der Wegfall des Erziehungsgeldbezugs zu Nachteilen hinsichtlich des Sonderkündigungsschutzes nach § 18 Abs. 2 oder sozialversicherungsrechtlicher Ansprüche führen kann. **9**

Abs. 4 Das Erziehungsgeld ist spätestens fällig am letzten Werktag des Lebensmonats des Kindes, für den es bestimmt ist (Abs. 4 Satz 1 i.V.m. § 41 SGB I). Spätestens an diesem Tag muss das Erziehungsgeld gezahlt sein, wenn keine Gründe für eine spätere Zahlung (z.B. wegen rückwirkender Antragstellung) vorliegen. **10**

Erziehungsgeld wird auch für Kalendertage gezahlt, wenn es nur für Teile von Monaten zu leisten ist, z.B. bei Tod des Kindes während der Elternzeit. Es beträgt dann $1/30$ des dem Berechtigten für den jeweiligen Lebensmonat zustehenden Betrages. Bisher wurde ein Betrag von weniger als 40 DM des bewilligten Erziehungsgeldes ab dem siebten Lebensmonat nicht ausgezahlt. Diese **Mindestgrenze** wurde vielfach als zu hoch kritisiert (BT-Drs. 14/3553, S. 18). Nunmehr wurde die Grenze auf 20 DM herabgesetzt. **11**

Bei nicht vollen DM-Beträgen ist der auszuzahlende Betrag unter 50 Deutsche Pfennige abzurunden und bei einem Betrag über 50 Deutsche Pfennige aufzurunden. **12**

§ 6
Einkommen

(1) Als Einkommen gilt die nicht um Verluste in einzelnen Einkommensarten zu vermindernde Summe der positiven Einkünfte im Sinne des § 2 Abs. 1 und 2 des Einkommensteuergesetzes abzüglich folgender Beträge:

1. 27 vom Hundert der Einkünfte, bei Personen im Sinne des § 10c Abs. 3 des Einkommensteuergesetzes 22 vom Hundert der Einkünfte;

2. Unterhaltsleistungen an *andere* Kinder, für die die Einkommensgrenze nicht nach § 5 Abs. 2 Satz 3 erhöht worden ist, bis zu dem durch Unterhaltstitel oder durch Vereinbarung festgelegten Betrag und an sonstige Personen, soweit die Leistungen nach § 10 Abs. 1 Nr. 1 oder § 33a Abs. 1 des Einkommensteuergesetzes berücksichtigt werden;

3. *der Pauschbetrag nach § 33b Abs. 1 bis 3 des Einkommensteuergesetzes für ein behindertes Kind, für das die Eltern Kindergeld erhalten oder ohne die Anwendung des § 65 Abs. 1 des Einkommensteuergesetzes oder des § 4 Abs. 1 des Bundeskindergeldgesetzes erhalten würden.*

(2) Für die *Berechnung des Erziehungsgeldes im ersten bis zwölften Lebensmonat* des Kindes ist das voraussichtliche Einkommen im Kalenderjahr der Geburt des Kindes maßgebend, für die *Berechnung im 13. bis 24. Lebensmonat* des Kindes das voraussichtliche Einkommen des folgenden Jahres. Bei angenommenen Kindern ist das voraussichtliche Einkommen im Kalenderjahr der Inobhutnahme sowie im folgenden Kalenderjahr maßgeblich.

(3) Zu berücksichtigen ist das *Einkommen der berechtigten Person und ihres Ehegatten oder Lebenspartners*, soweit sie nicht dauernd getrennt leben. Leben die Eltern in einer eheähnlichen Gemeinschaft, ist auch das Einkommen des Partners zu berücksichtigen; *dabei reicht die formlose Erklärung über die gemeinsame Elternschaft und das Zusammenleben aus.*

(4) Soweit ein ausreichender Nachweis der voraussichtlichen Einkünfte in dem maßgebenden Kalenderjahr nicht möglich ist, werden der Ermittlung die Einkünfte in dem Kalenderjahr davor zugrunde gelegt. Dabei können die Einkünfte des vorletzten Jahres berücksichtigt werden.

(5) Bei Einkünften aus nichtselbständiger Arbeit, die allein nach ausländischem Steuerrecht zu versteuern sind oder keiner staatlichen Besteuerung unterliegen, ist von dem um 2000 Deutsche Mark verminderten Bruttobetrag auszugehen. Andere Einkünfte, die allein nach ausländischem Steuerrecht zu versteuern sind oder keiner staatlichen Besteuerung unterliegen, sind entsprechend § 2 Abs. 1 und 2 des Einkommensteuergesetzes zu ermitteln. Beträge in ausländischer Währung werden in Deutsche Mark umgerechnet. (Änderung ab 1. 1. 2002; s. Anhang Seite 134 f.)

(6) Ist die berechtigte Person während des Erziehungsgeldbezugs nicht erwerbstätig, bleiben ihre Einkünfte aus einer vorherigen Erwerbstätigkeit unberücksichtigt. Ist sie während des Erziehungsgeldbezugs erwerbstätig,

sind ihre voraussichtlichen Erwerbseinkünfte in dieser Zeit maßgebend. Für die anderen Einkünfte gelten die übrigen Vorschriften des § 6.

(7) Ist das voraussichtliche Einkommen insgesamt um mindestens 20 Prozent geringer als im Erziehungsgeldbescheid zugrunde gelegt, wird es auf Antrag neu ermittelt. Dabei sind die insoweit verringerten voraussichtlichen Einkünfte während des Erziehungsgeldbezugs zusammen mit den übrigen Einkünften nach § 6 maßgebend.

Zweck dieser Vorschrift ist die Bestimmung des Einkommens, das für die Höhe des Erziehungsgeldes maßgeblich ist, und die Feststellung, ob infolge eines hohen Einkommens der Anspruch auf Erziehungsgeld entfällt oder zu mindern ist. 1

Abs. 1 regelt den **Einkommensbegriff.** Als Einkommen gilt die Summe der positiven Einkünfte im Sinne des § 2 Abs. 1 und 2 EStG. Einkünfte sind positiv, wenn Gewinne oder Überschüsse in den einzelnen Einkunftsarten erzielt werden. Dieses ist der Fall, wenn z.B. bei nichtselbständiger Arbeit, bei Kapitalvermögen oder Vermietung und Verpachtung die Einnahmen die Werbungskosten übersteigen oder bei Einkünften aus selbständiger Arbeit, aus Land- oder Forstwirtschaft und Gewerbebetrieb ein Gewinn erzielt wird. Für die Gewinnermittlung gelten zum Teil besondere Bedingungen. 2

Der **Verlustausgleich** zwischen einzelnen Einkommensarten, z.B. bei erheblichen Einkünften aus selbständiger Arbeit und Verlusten aus Immobilienbesitz, oder zwischen den Einkünften des Erziehungsgeldberechtigten und denen seines Lebensgefährten, ist ausgeschlossen (vgl. Zmarzlik/Zipperer/Viethen, § 6 Rn. 6); seit dem 1.8.2001 gilt dies auch für Paare gleichen Geschlechts, die in einer eingetragenen Lebenspartnerschaft leben (s. hierzu § 1 Rn. 13). 3

Nr. 1 Von den Einkünften wird in der Regel ein **Pauschalbetrag von 27%** abgezogen. Wenn Einkünfte von Personen im Sinne von § 10c Abs. 3 EStG, also z.B. Beamte, Richter, Zeitsoldaten, Berufssoldaten, Bezieher von Versorgungsbezügen (Ruhegehalt, Witwen- und Waisengeld) erzielt werden, sind nur 22% abzuziehen. Der niedrigere Pauschalsatz rechtfertigt sich aus der unterschiedlich geregelten Alterssicherung (s.a. Grüner-Dalichau, § 6 II 1.2). Gelten für den Antragsteller und für dessen Partner verschiedene Abzugsbeträge, sind die Einkünfte getrennt um den jeweiligen Pauschalbetrag zu mindern (vgl. Zmarzlik/Zipperer/Viethen, § 6 Rn. 10). 4

Nr. 2 Vom Einkommen sind weiterhin **Unterhaltsleistungen** des Erziehungsgeldberechtigten oder seines nicht dauernd von ihm getrennt lebenden Partners (gleichen oder unterschiedlichen Geschlechts; s. Rn. 3) an Kinder abzuziehen, für die kein kindbezogener Freibetrag von 4200 DM berücksichtigt worden ist. Erfasst sind damit Kinder, die nicht im Haushalt leben und für die Unterhaltsleistungen steuerrechtlich nicht geltend gemacht werden können. Die Unterhaltsleistungen sind jedoch nur bis zu 5

§ 6 BErzGG

dem Betrag abzuziehen, der in einem gerichtlichen Unterhaltsurteil oder -vergleich oder in einer außergerichtlichen Vereinbarung festgelegt ist. Als Nachweis über eine mündliche Vereinbarung reicht ein Zahlungsnachweis für einen Zeitraum von vier Monaten im maßgebenden Jahr.

6 Des Weiteren sind Unterhaltsleistungen an andere Personen abzuziehen, soweit Leistungen bei der Steuerfestsetzung nach § 10 Abs. 1 Nr. 1 oder § 33a Abs. 1 EStG berücksichtigt werden. § 10 Abs. 1 Nr. 1 EStG regelt die Berücksichtigung von Unterhaltsleistungen an geschiedene oder dauernd getrennt lebende Ehegatten (bis jeweils 27 000 DM pro Kalenderjahr), und § 33a Abs. 1 EStG legt die außergewöhnliche Belastung betragsmäßig fest.

7 Nr. 3 Die erhöhte **Unterhaltsbelastung** eines Erziehungsgeldberechtigten oder seines nicht dauernd von ihm getrennt lebenden Partners (s. Rn. 3) durch ein **behindertes Kind** ist so groß, dass zusätzlich zu dem in § 5 Abs. 2 geregelten Freibetrag ein Abzug in Höhe des einkommensteuerlich für das Kind zugebilligten Behinderten-Pauschbetrags (§ 33b Abs. 1 bis 3 EStG) zu berücksichtigen ist. Der Grad der Behinderung und die Einbuße der körperlichen Beweglichkeit muss durch Bescheid oder Bescheinigung des Versorgungsamtes oder Schwerbehinderten-Ausweis nachgewiesen werden (vgl. Zmarzlik/Zipperer/Viethen, § 6 Rn. 13 f.). Seit dem 1.1.2001 kann der steuerrechtliche Pauschbetrag für ein behindertes Kind auch für das Kind, für das Erziehungsgeld beantragt ist, bei der Berechnung der Einkommen berücksichtigt werden. Nach dem bisherigen Gesetzeswortlaut und der Verwaltungspraxis erfolgte der steuerliche Abzug eines Pauschbetrages nur, wenn die Eltern ein weiteres behindertes Kind hatten.

8 Abs. 2 Maßgeblich für die Minderung des Erziehungsgeldes in den ersten zwölf Lebensmonaten des Kindes ist in der Regel das **voraussichtliche Einkommen** im Kalenderjahr der Geburt des Kindes bzw. der Inobhutnahme des Kindes und für die Minderung im 13. bis 24. Lebensmonat des Kindes das voraussichtliche Einkommen im Jahr nach der Geburt, also jeweils das aktuelle Einkommen. Die **Anträge** für beide Zeiträume können nicht zusammengefasst werden; der Antrag für das zweite Lebensjahr kann frühestens ab dem neunten Lebensmonat des Kindes gestellt werden. Es wird bewusst in Kauf genommen, dass Abweichungen vom voraussichtlichen zum tatsächlichen Einkommen vorliegen, ohne dass diese einer späteren Neuberechnung unterzogen werden.

9 Abs. 3 Auszugehen ist von dem Einkommen des Erziehungsgeldberechtigten und seines nicht dauernd vom ihm getrennt lebenden Ehegatten bzw. bei homosexuellen Paaren seines eingetragenen Lebenspartners (s. § 1 Rn. 13) oder seines Partners in einer eheähnlichen Gemeinschaft. Zum Begriff der eheähnlichen Gemeinschaft vgl. § 5 Rn. 7. Mit der formlosen Erklärung über die gemeinsame Elternschaft und das Zusammenleben soll eine zügigere Bearbeitung des Antrages auf Erziehungsgeld und der Vermeidung von Rechtsunsicherheiten Rechnung getragen werden (BT-Drs. 14/3553, S. 18).

BErzGG § 6

Abs. 4 Die Antragstellerin muss mit dem Vordruck »Erklärung zum Einkommen« die voraussichtlichen Einkünfte angeben, die sie und ihr Partner erzielen werden. Es reicht nicht aus, dass das voraussichtliche Einkommen geschätzt wird; es muss eine **nachprüfbare Grundlage** vorliegen. So ist beispielsweise bei Einkünften aus nichtselbständiger Arbeit eine Bescheinigung des Arbeitgebers über das steuerpflichtige Bruttoentgelt vorzulegen, bei Einkünften aus Land- und Forstwirtschaft, Gewerbebetrieb und selbständiger Arbeit der für das maßgebende Jahr geltende Steuervorauszahlungsbescheid oder bei Renten der letzte Rentenbescheid. **10**

Ist ein ausreichender Nachweis über die voraussichtlichen Einkünfte im maßgeblichen Kalenderjahr nicht möglich, sind nach **Satz 1** die Einkünfte im Kalenderjahr davor zugrunde zulegen; nach **Satz 2** können auch die Einkünfte des vorletzten Jahres berücksichtigt werden. **11**

Abs. 5 Für im **Ausland** versteuertes oder nicht steuerpflichtiges Einkommen gilt eine Sonderregelung. Bei Einkünften aus nichtselbständiger Arbeit, die im maßgeblichen Kalenderjahr keiner staatlichen Besteuerung oder lediglich einer ausländischen Besteuerung unterliegen, ist von dem aus der nichtselbständigen Arbeit erzielten Bruttoeinkommen auszugehen. Von diesem umgerechneten Bruttobetrag sind 2000 DM abzuziehen. **12**

Andere Einkünfte, die im maßgeblichen Kalenderjahr allein nach ausländischem Steuerrecht zu versteuern sind oder keiner staatlichen Besteuerung unterliegen, sind entsprechend § 2 Abs. 1 und 2 EStG zu ermitteln. Die Antragstellerin muss die zur Ermittlung notwendigen Bescheinigungen vorlegen. Sind diese nicht in deutscher Sprache abgefasst, ist eine beglaubigte Übersetzung erforderlich. **13**

Beträge in ausländischer Währung sind nach dem Mittelkurs dieser Währung, der an der Frankfurter Devisenbörse Ende September des Jahres vor dem maßgeblichen Kalenderjahr amtlich festgelegt ist, zunächst in Deutsche Mark umzurechnen (vgl. Zmarzlik/Zipperer/Viethen, § 6 Rn. 24). **14**

Abs. 6 Wurden von dem Erziehungsgeldberechtigten vor dem Erziehungsgeldbezug Einkünfte erzielt, bleiben diese unberücksichtigt, wenn er in der Zeit des Erziehungsgeldbezugs nicht erwerbstätig ist. Zum Begriff der Erwerbstätigkeit vgl. § 1 Rn. 18. **15**

Ist der Erziehungsgeldberechtigte während des Bezuges von Erziehungsgeld erwerbstätig, ist das voraussichtliche Einkommen während dieser Zeit ausschlaggebend. Wird also die Arbeitszeit reduziert und nur noch zulässige Teilzeitarbeit (bis zu 30 Stunden) ausgeübt, ist das voraussichtliche Einkommen aus dieser Tätigkeit maßgeblich. **16**

Für andere Einkünfte werden ferner die Erwerbseinkünfte im maßgeblichen Kalender- und Lebensjahr verglichen. Als Ergebnis dieser vergleichenden Berechnung ist der jeweils niedrigere Betrag (entweder aus den Erwerbseinkünften im Lebensjahr oder aus demjenigen im Kalenderjahr) zu berücksichtigen und den bereits vorher erfassten übrigen Einkünften **17**

§§ 6, 7 BErzGG

nach § 6 hinzuzurechnen. Soweit sich das Erziehungsgeld wegen der **Teilzeittätigkeit** in der Elternzeit verringert, gilt das nur für deren Dauer (BT-Drs. 14/3553, S. 19).

18 **Abs. 7** Mit der Regelung der ausnahmsweisen Überprüfung des Bescheides zum Erziehungsgeld soll einer Einzelfallgerechtigkeit Rechnung getragen werden. Voraussetzung dafür ist, dass sich das im Erziehungsgeldbescheid berücksichtigte Einkommen insgesamt um mindestens 20 % verringert hat. Das geringere Einkommen kann zum ersten Mal für den Lebensmonat zugrunde gelegt werden, der demjenigen folgt, in dem das Einkommen sich um 20 % verringerte. Für die Rückwirkung gilt die Grenze von sechs Monaten ab Antragstellung (BT-Drs. 14/3553, S. 19).

§ 7
Anrechnung von Mutterschaftsgeld und entsprechenden Bezügen

(1) Für die Zeit nach der Geburt laufend zu zahlendes Mutterschaftsgeld, das der Mutter nach der Reichsversicherungsordnung, dem Gesetz über die Krankenversicherung der Landwirte oder dem Mutterschutzgesetz gewährt wird, wird mit Ausnahme des Mutterschaftsgeldes nach § 13 Abs. 2 des Mutterschutzgesetzes auf das Erziehungsgeld angerechnet. Das Gleiche gilt für die Dienstbezüge, Anwärterbezüge und Zuschüsse, die nach beamten- oder soldatenrechtlichen Vorschriften für die Zeit der Beschäftigungsverbote gezahlt werden.

(2) Die Anrechnung ist beim Budget auf 25 Deutsche Mark, sonst auf 20 Deutsche Mark kalendertäglich begrenzt. Nicht anzurechnen ist das Mutterschaftsgeld für ein weiteres Kind vor und nach seiner Geburt auf das Erziehungsgeld für ein vorher geborenes Kind.

1 Diese Regelung hat zum **Zweck**, den Vorrang von Mutterschaftsgeld und entsprechenden Bezügen während der Schutzfristen vor dem Erziehungsgeld festzulegen. Es soll verhindert werden, dass Mutterschaftsgeld und Erziehungsgeld im vollen Umfang nebeneinander gezahlt werden.

2 **Mutterschaftsgeld** wird u.a. für acht Wochen, im Falle von Früh- oder Mehrlingsgeburten für zwölf Wochen nach der Geburt (§ 13 i.V.m. § 6 Abs. 1 MuSchG) gezahlt. Das für diese Zeit laufend zu zahlende Mutterschaftsgeld von **höchstens 25 DM pro Kalendertag** (§ 200 Abs. 2 RVO; entspricht einem monatlichen Nettoeinkommen von 750 DM) wird grundsätzlich auf das Erziehungsgeld angerechnet.

3 Im Falle des **budgetierten Erziehungsgeldes** erfolgt die **vollständige Anrechnung** des Mutterschaftsgeldes in Höhe von kalendertäglich 25 DM. Wird Erziehungsgeld über einen Zeitraum von zwei Jahren bezogen, ist der **Anrechnungsbetrag** von Mutterschaftsgeld auf Erziehungsgeld **auf kalendertäglich 20 DM begrenzt** (Änderung ab 1.1.2002; s. Anhang Seite 134f.). Ist es höher, entfällt das Erziehungsgeld. In den übrigen Fällen ist das Erziehungsgeld um den Betrag des gezahlten Mutterschaftsgeldes zu kürzen.

BErzGG § 7

Die Regelung nach § 5 Abs. 4, wonach ein Betrag von monatlich weniger als 20 DM nicht ausgezahlt wird, gilt hier nicht.

Bei der Anrechnung ist zu berücksichtigen, dass das Erziehungsgeld für Lebensmonate des Kindes gezahlt wird und das Mutterschaftsgeld jeweils für acht oder zwölf Wochen nach der Geburt des Kindes und zudem kalendertäglich festgesetzt und gezahlt wird. Besteht in Lebensmonaten nur für einen Teil der Tage Anspruch auf Mutterschaftsgeld, ergibt sich der anzurechnende Betrag durch die Multiplikation der Tage, an denen Anspruch auf Mutterschaftsgeld besteht, mit 20 DM oder bei geringerem Mutterschaftsgeld mit dem geringeren Betrag. Für jeden Tag, an dem kein Mutterschaftsgeld gezahlt wird, stehen der Antragstellerin 20 DM Erziehungsgeld zu.   **4**

Beispiel:
Frau Lau hat sich für das Erziehungsgeld für 24 Lebensmonate entschieden. Das Kind ist am 17. Juli geboren. Mutterschaftsgeld ist für acht Wochen nach der Geburt, also zunächst für den vollen ersten Lebensmonat und bis zum 11. September zu zahlen. Frau Lau hat einen festen Netto-Monatsverdienst in Höhe von 1800 DM. Bei festen Monatsverdiensten ist der Monat nach §§ 47 Abs. 1 Satz 5, 223 Abs. 2 Satz 2 SGB V einheitlich mit 30 Kalendertagen anzusetzen (kein fester Monatsverdienst, dann tatsächliche Kalendertage ansetzbar). Es ist somit ein Mutterschaftsgeld für den ersten Monat bis 16. August in Höhe von 750 DM (30 × 25 DM) und für den zweiten Monat bis 11. September für 26 Tage, und zwar 650 DM zu zahlen. Damit entfällt sowohl im ersten Lebensmonat und bis zum 11. September der Erziehungsgeldanspruch. Für die restlichen Tage im zweiten Lebensmonat besteht dagegen ein Anspruch auf Erziehungsgeld in Höhe von 100 DM (5 × 20 DM).

Bei Anspruch der Antragstellerin auf laufend zu zahlendes Mutterschaftsgeld muss diese eine **Bescheinigung der Krankenkasse** über das Mutterschaftsgeld ab der Geburt vorlegen.   **5**

Dienst- und Anwärterbezüge, die nach beamtenrechtlichen oder soldatenrechtlichen Vorschriften für die Zeit der Beschäftigungsverbote gezahlt werden, sind ebenfalls auf das Erziehungsgeld anzurechnen. Bei Anwärterbezügen handelt es sich um Bezüge, die Beamte auf Widerruf im Vorbereitungsdienst (z.B. Referendare) erhalten; Dienstbezüge erhalten alle übrigen Beamten, Richter und Soldaten. Anspruchstellerinnen, denen vorgenannte Bezüge zustehen, haben eine **Bescheinigung des Dienstherrn** über die zu zahlenden Bezüge oder Zuschüsse vorzulegen.   **6**

Ausgenommen von der Anrechnung auf das Erziehungsgeld ist das **Mutterschaftsgeld, das nach § 13 Abs. 2 MuSchG** vom Bundesversicherungsamt bis zu 400 DM insgesamt für die Zeit der Schutzfristen vor und nach der Geburt für nicht in der gesetzlichen Krankenversicherung versicherte Frauen zu zahlen ist, wenn sie bei Beginn der Schutzfrist vor der Entbindung in einem Arbeitsverhältnis stehen oder in Heimarbeit beschäftigt sind   **7**

§§ 7, 8 BErzGG

oder deren Arbeitsverhältnis während ihrer Schwangerschaft vom Arbeitgeber zulässig aufgelöst worden ist.

8 Nicht anzurechnen auf das Erziehungsgeld ist auch der **Zuschuss des Arbeitgebers zum Mutterschaftsgeld** nach § 14 Abs. 1 MuSchG (Meisel/Sowka, § 7 Rn. 2; Grüner-Dalichau, § 7 Anm. II). Die Nichtanrechenbarkeit ergibt sich daraus, dass der Zuschuss des Arbeitgebers keine staatliche Leistung und auch nicht einen Teil des Mutterschaftsgeldes darstellt und mit dieser Vorschrift der Doppelbezug staatlicher Leistungen ausgeschlossen werden sollte.

9 Nicht auf das Erziehungsgeld anzurechnen ist ferner das Mutterschaftsgeld für ein weiteres Kind, unabhängig von der jeweiligen Leistungsgrundlage für ein vorher geborenes Kind (BT-Drs. 14/3553, S. 19). Dies könnte beispielsweise der Fall sein, wenn eine Frau während des Erziehungsgeldbezugs Teilzeitarbeit von nicht mehr als 30 Wochenstunden leistet und ein weiteres Kind zur Welt bringt, so dass sich der Bezug von Erziehungsgeld mit dem während der Schutzfrist vor und nach der Entbindung zu zahlendem Mutterschaftsgeld für das zweite Kind, das sie aufgrund der Teilzeitarbeit erhält, überschneidet.

10 Auch beispielsweise **Arbeitslosenhilfe**, die zusätzlich zum Erziehungsgeld in der Mutterschutzfrist einer neuen Schwangerschaft als Mutterschaftsgeld gezahlt wird, ist auf das Erziehungsgeld nicht anzurechnen. Erziehungsgeld kann neben Arbeitslosengeld, Arbeitslosenhilfe oder anderen Entgeltersatzleistungen bezogen werden (vgl. § 2 Rn. 10).

11 Nimmt der Vater bereits ab der Geburt Elternzeit in Anspruch, weil die Mutter nicht in der Lage ist, sich um das Kind zu kümmern (§ 15 Abs. 1 Satz 1), ist das Mutterschaftsgeld nicht auf das Erziehungsgeld anzurechnen (vgl. Zmarzlik/Zipperer/Viethen, § 7 Rn. 10). Auch auf das Erziehungsgeld eines Adoptivelternteils, eines Stiefelternteils, eines nahen Angehörigen oder eines Lebenspartners in einem Härtefall ist das Mutterschaftsgeld der leiblichen Mutter nicht anzurechnen.

§ 8
Andere Sozialleistungen

(1) Das Erziehungsgeld und vergleichbare Leistungen der Länder sowie das Mutterschaftsgeld nach § 7 Abs. 1 Satz 1 und vergleichbare Leistungen nach § 7 Abs. 1 Satz 2, soweit sie auf das Erziehungsgeld angerechnet worden sind, bleiben als Einkommen bei Sozialleistungen, deren Zahlung von anderen Einkommen abhängig ist, unberücksichtigt. Bei gleichzeitiger Zahlung von Erziehungsgeld und vergleichbaren Leistungen der Länder sowie von Sozialhilfe *ist* § 15b des Bundessozialhilfegesetzes *auf den Berechtigten nicht anwendbar. Im Übrigen gilt für die Dauer der Elternzeit, in dem der Berechtigten kein Erziehungsgeld gezahlt wird, der Nachrang der Sozialhilfe und insbesondere auch § 18 Abs. 1 des Bundessozialhilfegesetzes.*

BErzGG § 8

(2) Auf Rechtsvorschriften beruhende Leistungen anderer, auf die kein Anspruch besteht, dürfen nicht deshalb versagt werden, weil in diesem Gesetz Leistungen vorgesehen sind.

(3) Die dem Erziehungsgeld und dem Mutterschaftsgeld vergleichbaren Leistungen, die im Ausland in Anspruch genommen werden können, sind, soweit sich aus dem vorrangigen Recht der Europäischen Union über Familienleistungen nichts Abweichendes ergibt, anzurechnen und sie schließen insoweit Erziehungsgeld aus.

Diese Vorschrift hat zum **Ziel** sicherzustellen, dass bei Zahlung von Erziehungsgeld, vergleichbarer Leistungen nach landesrechtlichen Vorschriften, Mutterschaftsgeld nach § 7 Abs. 1 Satz 1 und Leistungen nach § 7 Abs. 1 Satz 2 keine Kürzung anderer einkommensabhängiger Sozialleistungen erfolgt. Es ist daher festgeschrieben, dass vorgenannte Leistungen bei der Berechnung einkommensabhängiger Sozialleistungen unberücksichtigt bleiben.   1

Zu den einkommensabhängigen Leistungen gehören vor allem das **Wohngeld** (§ 2 Wohngeldgesetz), die **Sozialhilfe** (§ 2 Bundessozialhilfegesetz), Leistungen der **Ausbildungsförderung** (§§ 11 ff. BAföG), das **Kindergeld** nach dem Bundeskindergeldgesetz, Leistungen der Kriegsopferfürsorge (§§ 25 ff. Bundesversorgungsgesetz), der Jugendhilfe nach dem Jugendwohlfahrtsgesetz und die **Arbeitslosenhilfe** (§§ 190 ff. SGB III).   2

Das Fortbestehen des wichtigsten Grundsatzes der Sozialhilfe wurde mit der jüngsten Änderung des Gesetzes festgeschrieben. Sozialhilfe ist stets nachrangig. Ein Sozialhilfeempfänger ist grundsätzlich verpflichtet, den Lebensunterhalt für sich und die unterhaltsberechtigten Angehörigen durch Arbeit zu beschaffen. Kommt er dieser Verpflichtung nicht nach, kann nach den Umständen des Einzelfalles Sozialhilfe verweigert oder teilweise eingestellt werden. Nehmen Eltern oder eingetragene Lebenspartner (zum Begriff s. § 1 Rn. 13) gemeinsam Elternzeit, können sie also nicht mit einer gemeinsamen Unterstützung durch Sozialhilfe rechnen, da diese Möglichkeit nicht zu einer zusätzlichen Belastung für die Sozialhilfe führen darf (BT-Drs. 14/3553, S. 20). Versorgt ein Elternteil jedoch sein Kleinkind allein, wird es grundsätzlich nicht verpflichtet sein, den weiteren Lebensunterhalt durch Arbeit zu erwerben. Die Entscheidung des Elternteils ist nämlich nicht mutwillig. Etwas anderes gilt, wenn das Kind durch den Partner oder andere Familienangehörige oder sonstige Möglichkeiten im Einzelfall betreut werden kann (vgl. näher § 18 Abs. 3 BSHG). Insbesondere Alleinerziehende und ihre Kinder werden daher neben dem Erziehungsgeld nicht ohne Sozialhilfebezug ihren Lebensunterhalt bestreiten können, so dass Sanktionen des Sozialamtes, sprich Streichung oder Kürzung der Sozialhilfe, nicht berechtigt sind (s.a. ausführlicher und ähnlich Grüner-Dalichau, § 8 Anm. I 1; Zmarzlik/Zipperer/Viethen, § 8 Rn. 3 f.).   3

§ 8 BErzGG

4 § 15b BSHG bestimmt, dass Geldleistungen als Darlehen gezahlt werden können, wenn laufende Leistungen zum Lebensunterhalt voraussichtlich nur für kurze Dauer zu zahlen sind. Bei gleichzeitiger Zahlung von Sozialhilfe mit Erziehungsgeld und vergleichbaren Leistungen der Länder, dürfen die laufenden Leistungen **nicht als Darlehen** gezahlt werden. Mit dieser Regelung soll erreicht werden, dass die Bezieher von Erziehungsgeld nicht mit Schulden belastet werden; dieses wäre mit der familienpolitischen Zielsetzung des Gesetzes nicht vereinbar.

5 Freiwillige Leistungen und Ermessensleistungen, auf die kein Anspruch besteht, sollen nicht eingeschränkt oder versagt werden mit der Begründung, der Antragsteller erhalte Erziehungsgeld. Hierunter fallen alle auf Gesetz, Verordnung oder autonomer Satzung beruhenden so genannten Kann-Leistungen. Dabei handelt es sich um Leistungen, die der jeweilige Träger nach seinem freien Ermessen beim Vorliegen bestimmter Voraussetzungen erbringen kann. Des Weiteren gehören die Leistungen aufgrund von »Soll-Vorschriften« dazu. Diese gewähren dem Begünstigten in der Regel keinen Anspruch, sondern enthalten lediglich die Verpflichtung des Leistungsträgers zu einem bestimmten Handeln, wenn nicht besondere Umstände eine andere Entscheidung rechtfertigen.

6 Hauptsächlich betrifft diese Vorschrift »**Soll- und Kann-Leistungen« des Sozialversicherungsträgers nach der RVO bzw. dem SGB** und der Träger der Kriegsopferversorgung nach dem Bundesversorgungsgesetz, aber auch freiwillige Leistungen, die durch Satzung für die Mitglieder festgelegt sind; es kommen nur Sozialleistungen in Betracht, d.h. die im SGB vorgesehenen Dienst-, Sach- und Geldleistungen (vgl. § 11 SGB I).

7 Als **Sonderfall** ist anzuführen, dass bei der Ermittlung des Einkommens im Rahmen der Bewilligung von **Prozesskostenhilfe** Erziehungsgeld nach dem BErzGG nicht zu berücksichtigen ist. Bei der Prüfung, ob die Einkommensgrenze für die Befreiung von der **Rundfunkgebührenpflicht** überschritten ist, ist das Erziehungsgeld jedoch als Einkommen zu berücksichtigen (vgl. Zmarzlik/Zipperer/Viethen, § 8 Rn. 14 m.w.N.).

8 Bei Anspruch auf **ausländische Familienleistungen**, die dem Erziehungs- oder dem Mutterschaftsgeld vergleichbar sind, sind diese auf die Zahlung von deutschem Erziehungsgeld anzurechnen, falls das Gemeinschaftsrecht im Einzelfall die Anrechnung nicht ausschließt. Vergleichbare Leistungen werden z.B. in Belgien, Dänemark, Frankreich, Luxemburg, den Niederlanden und Österreich z.T. unter anderen Bezeichnungen gezahlt.

§ 9
Unterhaltspflichten

Unterhaltsverpflichtungen werden durch die *Zahlung* des Erziehungsgeldes und anderer vergleichbarer Leistungen der Länder nicht berührt. Dies gilt nicht in den Fällen des § 1361 Abs. 3, der §§ 1579, 1603 Abs. 2 und des § 1611 Abs. 1 des Bürgerlichen Gesetzbuches.

Mit dieser Regelung wird der Zweck verfolgt, dem Erziehungsgeldberechtigten das Erziehungsgeld ungeschmälert auch dann zukommen zu lassen, wenn er Unterhaltsempfänger ist. Deshalb ist in **Satz 1** bestimmt, dass Unterhaltsverpflichtungen durch die Zahlung von Erziehungsgeld nicht berührt werden. Das bedeutet, dass der Unterhaltsverpflichtete grundsätzlich nicht berechtigt ist, Unterhaltszahlungen wegen des Erziehungsgeldes, das die Unterhaltsberechtigte nach dem BErzGG, und wegen vergleichbarer Leistungen, die sie nach landesrechtlichen Vorschriften erhält, zu kürzen oder einzustellen. Dieses gilt für Unterhaltsverpflichtungen jeglicher Art, gleich, ob sie auf Gesetz, Gerichtsurteil, Vertrag u.a. beruhen. 1

Die Unterhaltszahlung steht nach Ansicht des Gesetzgebers jedoch in besonderem Maße unter dem Gebot der Billigkeit, und es könnte zu groben Ungerechtigkeiten führen, wenn das Erziehungsgeld bei der Bemessung des Unterhalts unberücksichtigt bliebe (BT.-Drs. 10/3792, S. 19). 2

Bei den in **Satz 2** aufgeführten Ausnahmen handelt es sich einmal um Fälle der Versagung, Herabsetzung oder Begrenzung eines Unterhaltsanspruchs bei grober Unbilligkeit zwischen getrennt lebenden und geschiedenen Ehegatten sowie um Beschränkung oder Wegfall der Unterhaltsverpflichtung gegenüber Verwandten in gerader Linie bei Fehlverhalten des Unterhaltsberechtigten. Zum anderen wird mit dieser Ausnahmeregelung abgestellt auf die Begrenzung der Unterhaltsverpflichtung; Eltern müssen im Rahmen der gesteigerten Unterhaltsverpflichtung auch das Erziehungsgeld zum Einsatz bringen. Die Vorschrift in Satz 2 führt dazu, dass bei gemindertem Unterhaltsanspruch das Erziehungsgeld die Bedürftigkeit des Unterhaltsberechtigten weiter herabsetzt. 3

§ 10
Zuständigkeit

Die Landesregierungen oder die von ihnen *beauftragten* Stellen bestimmen die für die Ausführung dieses Gesetzes zuständigen Behörden. Diesen Behörden obliegt auch die Beratung *zur Elternzeit*.

Die **Zuständigkeit der Länder** für die Durchführung dieses Gesetzes leitet sich aus Art. 83 GG i.V.m. § 10 BErzGG ab. Ihnen steht damit das Bestimmungsrecht darüber zu, welche Behörde für die Ausführung des Gesetzes zuständig ist. Damit ist auch das Recht der Länder verbunden, die für die Durchführung des Gesetzes notwendigen Verwaltungsanweisungen zu erlassen. 1

§ 10 BErzGG

2 Die einzelnen Bundesländer haben folgende Behörden als **fachlich zuständig** bestimmt:

Baden-Württemberg:	Landeskreditbank, Karlsruhe
Bayern:	Familienkassen bei den Ämtern für Versorgung und Familienförderung
Berlin:	Bezirksämter (Jugendamt)
Brandenburg:	Jugendämter der Kreise und kreisfreien Städte
Bremen	
– Bremerhaven:	Amt für Jugend und Familie
– Stadtgemeinde:	Amt für Soziale Dienste
Hamburg:	Bezirksämter (Einwohnermeldeamt)
Hessen:	Ämter für Versorgung und Soziales
Mecklenburg-Vorpommern:	Versorgungsämter (Familienkasse)
Niedersachsen:	Kreisfreie Städte, Landkreise und in einigen Fällen auch kreisangehörige Gemeinden
Nordrhein-Westfalen:	Versorgungsämter
Rheinland-Pfalz:	Jugendämter der kreisfreien Städte und Landkreise
Saarland:	Landesamt für Soziales und Versorgung
Sachsen:	Familienkassen der Ämter für Familie und Soziales
Sachsen-Anhalt:	Ämter für Versorgung und Soziales
Schleswig-Holstein:	Versorgungsämter
Thüringen:	Ämter für Soziales und Familie

3 **Örtlich zuständig** für den Antrag ist das Amt, in dessen Bezirk der Erziehungsgeldberechtigte seinen Wohnsitz oder gewöhnlichen Aufenthalt hat. Bei mehreren Wohnsitzen kann der Berechtigte selbst entscheiden, bei welchem Amt er den Antrag stellt. Besonderheiten ergeben sich hinsichtlich der Zuständigkeit für diejenigen, die ihren Wohnsitz im Ausland haben und in den Fällen des § 1 Abs. 2 Nr. 1 bis 3 Anspruch auf Erziehungsgeld haben. In diesem Fall ist grundsätzlich das Amt zuständig, in dessen Bezirk sich der Sitz des Arbeitgebers oder der obersten Dienstbehörde befindet. In den Fällen des § 1 Abs. 2 Nr. 4, in denen Entwicklungshelfer ihren Wohnsitz im Geltungsbereich dieses Gesetzes aufgegeben haben, ist das Amt zuständig, in dessen Bereich der Träger des Entwicklungsdienstes seinen Sitz hat. Für Angehörige eines Mitgliedstaates der EG oder Grenzgänger (§ 1 Abs. 4) ist das Amt zuständig, in dessen Bezirk der Beschäftigungsort des Berechtigten liegt. Bei Binnenschiffern und Seeleuten, die keine Wohnung an Land haben und ständig an Bord des Binnenschiffes bzw. eines unter Bundesflagge fahrenden Schiffes wohnen, ist die Behörde zuständig, in deren Bezirk der Heimatort bzw. Heimathafen des Schiffes liegt (vgl. im Übrigen Zmarzlik/Zipperer/Viethen, § 10 Rn. 5 ff.).

Zu den **Aufgaben** der in Rn. 2 genannten Behörden gehört es insbesondere, die Erziehungsgeldberechtigten zu beraten, ihre Anträge entgegenzunehmen, einen Bescheid zu erteilen und das Erziehungsgeld nach Maßgabe der §§ 1 bis 9 dieses Gesetzes zu bewilligen und auszuzahlen. **4**

Satz 2 legt ausdrücklich fest, dass zu den Aufgaben der zuständigen Behörden **auch die Beratung zur Elternzeit** gehört. Aufgrund dieser Aufgabenzuweisung müssen sie die anspruchsberechtigten Arbeitnehmer, die zur Berufsausbildung Beschäftigten, in Heimarbeit Beschäftigte sowie betroffene Arbeitgeber bzw. Auftraggeber über deren Rechte nach den §§ 15 bis 21 BErzGG beraten. Dies beinhaltet eine Reihe von arbeits- und sozialrechtlichen Fragen, die zu der Beratung über Erziehungsgeld hinzukommt. **5**

Der Antrag muss schriftlich bei der in Rn. 2 f. genannten Behörde (nach Wohnsitz) gestellt werden. Ein mündlicher Antrag, z.B. durch Telefonanruf, reicht nicht aus. **Dem Antrag sollten beigefügt werden**: Geburtsurkunde des Kindes oder ein Auszug aus dem Familienstammbuch sowie Nachweise über die Höhe des Einkommens, z.B. Bescheinigung des Arbeitgebers bzw. Kopie des letzten Einkommensteuerbescheides. War die Mutter vor der Geburt des Kindes berufstätig, ist eine Bestätigung der Krankenkasse über die Höhe und Bezugsdauer des Mutterschaftsgeldes beizufügen. **6**

§ 11
Kostentragung

Der Bund trägt die Ausgaben für das Erziehungsgeld.

Nach dieser Vorschrift trägt der Bund die **Ausgaben für das Erziehungsgeld**; das Erziehungsgeld, das die in § 10 Rn. 2 genannten Landesbehörden auszahlen, wird den Ländern vom Bund erstattet. **1**

Die den Ländern bei der Durchführung des BErzGG entstehenden **Verwaltungskosten** braucht der Bund den Ländern nicht zu erstatten (Art. 104a Abs. 5 GG). **2**

§ 12
Einkommens- und Arbeitszeitnachweis; Auskunftspflicht des Arbeitgebers

(1) § 60 Abs. 1 des Ersten Buches Sozialgesetzbuch gilt auch für den *Ehegatten oder Lebenspartner* des Antragstellers und für den Partner der eheähnlichen Gemeinschaft.

(2) Soweit es zum Nachweis des Einkommens oder der wöchentlichen Arbeitszeit erforderlich ist, hat der Arbeitgeber dem Arbeitnehmer dessen *Brutto-Arbeitsentgelt und Sonderzuwendungen sowie* die Arbeitszeit zu bescheinigen.

§ 12 BErzGG

(3) Die Erziehungsgeldstelle kann eine schriftliche Erklärung des Arbeitgebers oder des Selbstständigen darüber verlangen, ob und wie lange die Elternzeit beziehungsweise die Unterbrechung der Erwerbstätigkeit andauert oder eine Teilzeittätigkeit nach § 2 Abs. 1 ausgeübt wird.

1 Nach Abs. 1 gelten die **Mitwirkungspflichten**, die den Antragsteller unmittelbar nach § 60 Abs. 1 SGB I treffen, auch für dessen Ehegatten, (eingetragenen) Lebenspartner (zum Begriff s. § 1 Rn. 13) und ausdrücklich auch für Partner der eheähnlichen Gemeinschaft.

2 Danach sind alle Tatsachen anzugeben, die für den Bezug von Erziehungsgeld erheblich sind und auf Verlangen der Erziehungsgeldstelle einer Auskunftserteilung durch Dritte zuzustimmen. Der Ehegatte bzw. Partner muss u.a. den Antragsvordruck für die Beantragung von Erziehungsgeld mitunterschreiben und damit das Vorliegen der anspruchserheblichen Tatsachen bestätigen. Außerdem hat er Angaben über sein Einkommen zu machen und zuzustimmen, dass auf Verlangen der Behörde Auskünfte des Finanzamtes oder Arbeitgebers erteilt werden.

3 Des Weiteren ist der Ehegatte oder Lebenspartner des Antragstellers bzw. der Partner in der eheähnlichen Gemeinschaft ebenso wie dieser verpflichtet, unverzüglich **Änderungen in den Verhältnissen** mitzuteilen, die anspruchserheblich sind oder über die im Zusammenhang mit der Leistung Erklärungen abgegeben worden sind. Hierunter fällt z.B., wenn das anspruchsbegründende Kind nicht mehr vom Erziehungsgeldbezieher selbst, sondern von nahen Angehörigen betreut wird, das Recht auf Personensorge entzogen wurde, eine Erwerbstätigkeit von mehr als 30 Wochenstunden aufgenommen wurde oder sich die Anschrift oder Kontoverbindung ändert.

4 Ebenfalls sind die **Beweismittel zu bezeichnen** und auf Verlangen der Erziehungsgeldstelle **Beweisurkunden vorzulegen** oder ihrer Vorlage zuzustimmen. Hierzu zählen beispielsweise die Geburtsurkunde des Kindes, der Einkommensteuerbescheid sowie vom Arbeitgeber nach Abs. 2 auszustellende Einkommens- und Arbeitszeitnachweise (Rn. 6).

5 Die Verletzung obiger Mitwirkungspflicht ist eine mit Bußgeld belegte Ordnungswidrigkeit (§ 14 Abs. 1 Nr. 1, Abs. 2).

6 **Abs. 2** Der Arbeitgeber ist verpflichtet, dem Arbeitnehmer **Bescheinigungen** auszustellen, soweit dieses zur Einkommensermittlung erforderlich ist. Seit dem pauschalierten Abzug nach § 6 Abs. 1 Nr. 1 ist eine Bescheinigung über die Abzüge nach dem Bruttolohn nicht mehr notwendig.

7 Der Arbeitgeber ist nur verpflichtet, dem Arbeitnehmer/der Arbeitnehmerin eine Bescheinigung über das Bruttoarbeitsentgelt, Sonderzuwendungen und die Arbeitszeit zum Nachweis des Einkommens auszustellen. Die Erziehungsgeldstelle kann darüber hinaus von sich aus eine entsprechende schriftliche Erklärung des Arbeitgebers oder des Selbständigen verlangen. Der Arbeitgeber hat auch aufgrund seiner **arbeitsvertraglichen Fürsorge-**

pflicht gegenüber dem erziehungsgeldberechtigten Arbeitnehmer die Verpflichtung, die notwendigen Unterlagen zur Geltendmachung sozialrechtlicher Ansprüche zu erstellen (vgl. Meisel/Sowka, § 12 Rn. 2). Kommt der Arbeitgeber seiner Verpflichtung nicht nach, kann er auch zum **Schadenersatz gegenüber der Behörde** nach § 823 Abs. 2 BGB verpflichtet sein, weil Abs. 2 eine Schutznorm zugunsten der Erziehungsgeldstelle ist (vgl. Zmarzlik/Zipperer/Viethen, § 12 Rn. 4). Die Verletzung der Mitwirkungspflicht des Arbeitgebers ist eine mit Bußgeld belegte Ordnungswidrigkeit (§ 14 Abs. 1 Nr. 3, Abs. 2).

Abs. 3 Die Verpflichtungen des Arbeitnehmers selbst und des Selbständigen zur Mitteilung über die Fortdauer der Elternzeit und die evtl. Aufnahme einer Teilzeittätigkeit ergeben sich bereits aus Abs. 1 bzw. § 60 Abs. 1 SGB I. Das reicht auch für den Regelfall. Die Voraussetzungen für den Anspruch auf Erziehungsgeld wurden nach § 4 Abs. 2 kurz vorher überprüft. Die Erziehungsgeldstelle kann von sich aus eine entsprechende schriftliche Erklärung des Arbeitgebers oder des Selbständigen verlangen, ob die Unterbrechung der Erwerbstätigkeit andauert oder ob eine Teilzeittätigkeit nach § 2 Abs. 1 Nr. 1 ausgeübt wird. 8

§ 13
Rechtsweg

Über öffentlich-rechtliche Streitigkeiten in Angelegenheiten der §§ 1 bis 12 entscheiden die Gerichte der Sozialgerichtsbarkeit. Die für Rechtsstreitigkeiten in Angelegenheiten der Rentenversicherung anzuwendenden Vorschriften gelten entsprechend. § 85 Abs. 2 Nr. 2 des Sozialgerichtsgesetzes gilt mit der Maßgabe, dass die zuständige Stelle nach *§ 10* bestimmt wird.

Satz 1 regelt, dass bei öffentlich-rechtlichen Streitigkeiten in Angelegenheiten der §§ 1 bis 12, die ein besonderer Teil des SGB sind, die **Sozialgerichte zuständig** sind. Durch die Eingrenzung auf die §§ 1 bis 12 wird klargestellt, dass nur die die **Erziehungsgeldzahlung** betreffenden Streitigkeiten der Sozialgerichtsbarkeit zugewiesen sind. 1

Bei Streitigkeiten über die übrigen Vorschriften des BErzGG bleibt es bei der üblichen Rechtswegzuweisung. Bei Streitigkeiten im Zusammenhang mit der Elternzeit zwischen Arbeitnehmer und Arbeitgeber hinsichtlich der Voraussetzungen sind die **Arbeitsgerichte** zuständig. Die **Verwaltungsgerichte** sind zuständig hinsichtlich der Frage, ob die oberste Landesbehörde zu Unrecht die Kündigung des Arbeitnehmers während der Elternzeit gemäß § 18 Abs. 1 Satz 2 zugelassen oder verweigert hat. Die Zuständigkeit der **Zivilgerichte** ist gegeben, wenn es um eine Schadenersatzpflicht des Arbeitgebers gegenüber der Behörde wegen Verletzung der Mitwirkungspflicht gemäß § 12 Abs. 2 geht. 2

Nach **Satz 2** gelten die für Rechtsstreitigkeiten in Angelegenheiten der Rentenversicherung anzuwendenden Vorschriften entsprechend. Verwei- 3

§§ 13, 14 BErzGG

gert die Erziehungsgeldstelle die Zahlung des Erziehungsgeldes ganz oder zum Teil, so ist dem Antragsteller ein formeller **Bescheid** zu erteilen. Gegen diesen Bescheid kann jedoch nicht sofort vor dem Sozialgericht geklagt werden, sondern ist zunächst das in den §§ 77 bis 86 SGG geregelte **Vorverfahren** einzuleiten. Nach Bekanntgabe des Bescheides muss also erst binnen eines Monats **Widerspruch** gegenüber der zuständigen Behörde erhoben werden (§§ 83 f. SGG). Wird der Widerspruch als begründet angesehen, kann ihm abgeholfen werden. Wird dem Widerspruch nicht abgeholfen, so erlässt nach § 85 Abs. 2 Nr. 2 SGG i.V.m. § 13 **Satz 3** die nach § 10 Abs. 1 Satz 1 bestimmte zuständige Widerspruchsstelle einen schriftlich begründeten **Widerspruchsbescheid**. Gegen diesen Widerspruchsbescheid kann gem. § 87 SGG binnen eines Monats nach Zustellung schriftlich oder zur Niederschrift des Urkundsbeamten der Geschäftsstelle **Klage** vor dem zuständigen Sozialgericht erhoben werden.

4 **Örtlich zuständig** ist grundsätzlich das Sozialgericht, in dessen Bezirk der Antragsteller bzw. Erziehungsgeldberechtigte seinen Wohnsitz oder Aufenthaltsort hat; steht er in einem Beschäftigungsverhältnis, kann die Klage auch vor dem für den Beschäftigungsort zuständigen Sozialgericht erhoben werden.

§ 14
Bußgeldvorschrift

(1) Ordnungswidrig handelt, wer vorsätzlich oder fahrlässig

1. *entgegen § 60 Abs. 1 Nr. 1 oder 3 des Ersten Buches Sozialgesetzbuch in Verbindung mit § 12 Abs. 1 auf Verlangen die leistungserheblichen Tatsachen nicht angibt oder Beweisurkunden nicht vorlegt,*

2. *entgegen § 60 Abs. 1 Nr. 2 des Ersten Buches Sozialgesetzbuch eine Änderung in den Verhältnissen, die für den Anspruch auf Erziehungsgeld erheblich ist, der nach § 10 zuständigen Behörde nicht, nicht richtig, nicht vollständig oder nicht rechtzeitig mitteilt,*

3. *entgegen § 12 Abs. 2 auf Verlangen eine Bescheinigung nicht, nicht richtig oder nicht vollständig ausfüllt oder*

4. *einer vollziehbaren Anordnung nach § 12 Abs. 3 zuwiderhandelt.*

(2) Die Ordnungswidrigkeit kann mit einer Geldbuße geahndet werden.

(3) Verwaltungsbehörden im Sinne des § 36 Abs. 1 Nr. 1 des Gesetzes über Ordnungswidrigkeiten sind die nach § 10 zuständigen Behörden.

1 In **Abs. 1** sind die Ordnungswidrigkeitentatbestände abschließend aufgeführt. Personen, die Erziehungsgeld beantragt haben oder erhalten, und deren Ehegatten oder Lebenspartner bzw. Partner in eheähnlicher Gemeinschaft handeln ordnungswidrig, wenn sie die

– erziehungsgelderheblichen Tatsachen nicht oder nicht vollständig mitteilen,

- von einer zuständigen Behörde verlangte Zustimmung zur Erteilung von erforderlichen Auskünften durch Dritte nicht abgeben,
- Beweismittel nicht bezeichnen oder geforderte Beweisurkunden nicht vorlegen oder ihrer Vorlage nicht zustimmen,
- Änderungen in den Verhältnissen nicht, nicht richtig oder nicht vollständig mitteilen.

Arbeitgeber handeln ordnungswidrig, wenn sie die Bescheinigung über den Arbeitslohn und die geleistete Arbeitszeit nicht erteilen oder darin unvollständige oder unrichtige Angaben bestätigen oder die verlangte schriftliche Erklärung über die Elternzeit oder eine evtl. Teilzeittätigkeit unterlassen oder unrichtig abgeben. **2**

Jede rechtswidrige Handlung nach Abs. 1, die vorsätzlich oder fahrlässig begangen wird, kann als Ordnungswidrigkeit geahndet werden. **Vorsatz** bedeutet in diesem Zusammenhang das Wissen und Wollen der Tatbestandsverwirklichung (Lackner, StGB, § 15 Rn. 3). **Fahrlässig** handelt derjenige, der entweder die Sorgfalt außer Acht lässt, zu der er nach den Umständen oder seinen persönlichen Verhältnissen verpflichtet und fähig ist oder wer zwar die Verwirklichung eines Verstoßes (hier gegen die in Abs. 1 Nr. 1 bis 4 aufgeführten Tatbestände) für möglich hält, jedoch darauf vertraut, dass es schon gutgehen werde (Lackner, StGB, § 15 Rn. 35; Zmarzlik/Zipperer/Viethen, § 21 Rn. 22). Hier spielt die Kenntnis von dem Bundeserziehungsgeldgesetz, Verordnungen u.Ä. eine entscheidende Rolle. In der Regel ist aber von dem einzelnen Arbeitgeber zu erwarten, dass er über die arbeitsrechtlichen Gesetze informiert oder in der Lage ist, sich andernfalls beim Gewerbeaufsichtsamt/Amt für Arbeitsschutz oder beim Arbeitgeberverband entsprechende Informationen einzuholen (Meisel/Sowka, § 21 Rn. 21). **3**

Schließlich muss sowohl die vorsätzliche als auch die fahrlässige Begehung der Tat rechtswidrig und schuldhaft nach allgemeinen strafrechtlichen Grundsätzen sein. **4**

Rechtswidrigkeit bedeutet hier, dass kein Rechtfertigungsgrund für das Verhalten des Arbeitgebers zu finden ist. **Verschulden** als weitere Voraussetzung beinhaltet im Rahmen der Ordnungswidrigkeiten gemäß § 1 Abs. 1 OWiG die Vorwerfbarkeit der Tat, im Übrigen bei den Strafrechtstatbeständen die Frage nach dem Vorliegen von Entschuldigungsgründen, z.B. § 20 StGB (Schuldunfähigkeit wegen seelischer Störungen) oder § 21 StGB, der die verminderte Schuldfähigkeit des Täters behandelt (vgl. auch Meisel/Sowka, § 21 Rn. 21). **5**

Irrt der Arbeitgeber über das Vorliegen einer bestimmten Voraussetzung der jeweiligen Ordnungswidrigkeit, ist ein Vorsatz ausgeschlossen (sog. **Tatbestandsirrtum**). Hat der Arbeitgeber im Rahmen seines Verhaltens nicht das Bewusstsein, dass er etwas »Unrechtes« macht, liegt ein sog. **Verbotsirrtum** vor, der im Allgemeinen aber vermeidbar ist. Ihm ist in der Regel zumutbar, sich über die Vorschriften des Bundeserziehungsgeldgesetzes zu informieren. **6**

§§ 14, 15 BErzGG

7 Nach Abs. 2 kann die Ordnungswidrigkeit mit einer Geldbuße geahndet werden. Die Höhe des Bußgeldes ist nach dem Ordnungswidrigkeitengesetz zu bestimmen und beträgt mindestens 5 DM und höchstens 1000 DM für vorsätzliches und 500 DM für fahrlässiges Handeln (§ 17 Abs. 1 und 2 OWiG; s.a. § 17 Abs. 3 und 4 OWiG für den Fall, dass es sich nicht um natürliche Personen handelt). Sie hängt ab von der Bedeutung der Ordnungswidrigkeit und dem den Täter treffenden Vorwurf. Des Weiteren kommt es auf seine wirtschaftlichen Verhältnisse und auf den wirtschaftlichen Vorteil aus der Ordnungswidrigkeit an.

8 Zuständig für die Verfolgung und Ahndung im Sinne des § 36 Abs. 1 OWiG sind die nach § 10 bestimmten Behörden. In ihrem pflichtgemäßen Ermessen liegt die Einleitung und Durchführung eines Bußgeldverfahrens (§ 47 Abs. 1 OWiG). Inhalt und Form des Bußgeldbescheides richten sich nach § 66 OWiG. Nach § 67 OWiG kann gegen den Bußgeldbescheid innerhalb von zwei Wochen Einspruch eingelegt werden, über den das Amtsgericht entscheidet (§ 68 OWiG).

Zweiter Abschnitt

Elternzeit für Arbeitnehmerinnen und Arbeitnehmer

§ 15
Anspruch auf *Elternzeit*

(1) Arbeitnehmerinnen und Arbeitnehmer *haben Anspruch auf Elternzeit, wenn sie mit einem Kind*

1. a) *für das ihnen die Personensorge zusteht,*

   b) *des Ehegatten oder Lebenspartners,*

   c) *das sie mit dem Ziel der Annahme als Kind in ihre Obhut aufgenommen haben, oder*

   d) *für das sie auch ohne Personensorgerecht in den Fällen des § 1 Abs. 1 Satz 3 oder Abs. 3 Nr. 3 oder im besonderen Härtefall des § 1 Abs. 5 Erziehungsgeld beziehen können,*

in einem Haushalt leben und

2. *dieses Kind selbst betreuen und erziehen.*

Bei einem leiblichen Kind eines nicht sorgeberechtigten Elternteils ist die Zustimmung des sorgeberechtigten Elternteils erforderlich.

(2) Der Anspruch auf Elternzeit besteht bis zur Vollendung des dritten Lebensjahres eines Kindes; ein Anteil von bis zu zwölf Monaten ist mit Zustimmung des Arbeitgebers auf die Zeit bis zur Vollendung des achten Lebensjahres übertragbar. Bei einem angenommenen Kind und bei einem

BErzGG § 15

Kind in Adoptionspflege kann Elternzeit von insgesamt bis zu drei Jahren ab der Inobhutnahme, längstens bis zur Vollendung des achten Lebensjahres des Kindes genommen werden. Satz 1 zweiter Halbsatz ist entsprechend anwendbar, soweit er die zeitliche Aufteilung regelt. Der Anspruch kann nicht durch Vertrag ausgeschlossen oder beschränkt werden.

(3) Die Elternzeit kann, auch anteilig, von jedem Elternteil allein oder von beiden Elternteilen gemeinsam genommen werden, sie ist jedoch auf bis zu drei Jahre für jedes Kind begrenzt. Die Zeit der Mutterschutzfrist nach § 6 Abs. 1 des Mutterschutzgesetzes wird auf diese Begrenzung angerechnet, soweit nicht die Anrechnung wegen eines besonderen Härtefalles (§ 1 Abs. 5) unbillig ist. Satz 1 gilt entsprechend für Adoptiveltern und Adoptivpflegeeltern.

(4) Während der Elternzeit ist Erwerbstätigkeit zulässig, *wenn die vereinbarte wöchentliche Arbeitszeit für jeden Elternteil, der eine Elternzeit nimmt, nicht 30 Stunden übersteigt. Teilzeitarbeit* bei einem anderen Arbeitgeber oder als Selbständiger bedarf der Zustimmung des Arbeitgebers. *Er kann sie nur innerhalb von vier Wochen aus dringenden betrieblichen Gründen schriftlich ablehnen.*

(5) Über den Antrag auf eine Verringerung der Arbeitszeit und ihre Ausgestaltung sollen sich Arbeitnehmer und Arbeitgeber innerhalb von vier Wochen einigen. Unberührt bleibt das Recht des Arbeitnehmers, sowohl seine vor der Elternzeit bestehende Teilzeitarbeit unverändert während der Elternzeit fortzusetzen, soweit Absatz 4 beachtet ist, als auch nach der Elternzeit zu der Arbeitszeit zurückzukehren, die er vor Beginn der Elternzeit hatte.

(6) Der Arbeitnehmer kann gegenüber dem Arbeitgeber, soweit eine Einigung nach Absatz 5 nicht möglich ist, unter den Voraussetzungen des Absatzes 7 während der Gesamtdauer der Elternzeit zweimal eine Verringerung seiner Arbeitszeit beanspruchen.

(7) Für den Anspruch auf Verringerung der Arbeitszeit gelten folgende Voraussetzungen:

1. *Der Arbeitgeber beschäftigt, unabhängig von der Anzahl der Personen in Berufsbildung, in der Regel mehr als 15 Arbeitnehmer;*
2. *das Arbeitsverhältnis des Arbeitnehmers in demselben Betrieb oder Unternehmen besteht ohne Unterbrechung länger als sechs Monate;*
3. *die vertraglich vereinbarte regelmäßige Arbeitszeit soll für mindestens drei Monate auf einen Umfang zwischen 15 und 30 Wochenstunden verringert werden;*
4. *dem Anspruch stehen keine dringenden betrieblichen Gründe entgegen und*
5. *der Anspruch wurde dem Arbeitgeber acht Wochen vorher schriftlich mitgeteilt.*

§ 15 BErzGG

*Falls der Arbeitgeber die beanspruchte Verringerung der Arbeitszeit ablehnen will, muss er dies innerhalb von vier Wochen mit **schriftlicher Begründung** tun. Der Arbeitnehmer kann, soweit der Arbeitgeber der Verringerung der Arbeitszeit nicht oder nicht rechtzeitig zustimmt, Klage vor den Gerichten für Arbeitssachen erheben.*

1 Abs. 1 Der Anspruch auf Elternzeit ist nicht abhängig vom Anspruch auf Erziehungsgeld. **Voraussetzung** für den Anspruch auf Elternzeit ist, dass ein **Arbeitsverhältnis** besteht. Dies folgt sowohl aus dem Wortlaut des Abs. 1 Satz 1, wonach nur **Arbeitnehmerinnen und Arbeitnehmer** Anspruch haben, als auch aus dem Begriff und Wesen der Elternzeit als arbeitsrechtlicher Anspruch gegen den Arbeitgeber auf unbezahlte Freistellung von der Arbeit zur Betreuung und Erziehung von Kindern. Erfasst werden sowohl das ruhende wie das faktische Arbeitsverhältnis, Voll- wie auch Teilzeitbeschäftigungen und auch befristete Arbeitsverhältnisse. Bei befristeten Arbeitsverhältnissen erstreckt die Elternzeit sich jedoch nur auf den Befristungszeitraum. Durch die Elternzeit wird das befristete Arbeitsverhältnis nicht verlängert. Bestehen **mehrere Arbeitsverhältnisse** (zur zulässigen Teilzeitarbeit vgl. Rn. 11 ff.), so kann die Elternzeit in allen Arbeitsverhältnissen oder auch nur in einzelnen geltend gemacht werden. Teilnehmer an Arbeitsbeschaffungsmaßnahmen werden nach § 260 Abs. 1 Nr. 2 SGB III in einem Arbeitsverhältnis tätig und können Elternzeit in Anspruch nehmen; es handelt sich um ein befristetes Arbeitsverhältnis, das durch die Elternzeit nicht automatisch verlängert wird. Auch die zur Berufsbildung Beschäftigten sowie die in Heimarbeit Beschäftigten und die ihnen Gleichgestellten haben Anspruch auf Elternzeit. Für **Beamte, Richter und Soldaten**, die nicht in einem Arbeits-, sondern in einem Dienstverhältnis stehen, gelten vergleichbare bundes- bzw. landesrechtliche Regelungen (vgl. Anhang Seite 105 ff.).

2 Das Arbeitsverhältnis muss in Deutschland bestehen oder die deutschen arbeitsrechtlichen Vorschriften müssen Anwendung finden. Danach können alle Arbeitnehmer, unabhängig von ihrer Staatsangehörigkeit und unabhängig davon, in welchem EU-/EWR-Gebiet oder welchem Nachbarstaat sie ihren Wohnsitz haben (**Grenzgänger**), bei Bestehen eines Arbeitsverhältnisses in Deutschland einen Anspruch auf Elternzeit haben. Auch ein Arbeitnehmer, der von seinem inländischen Arbeitgeber zur vorübergehenden Dienstleistung **ins Ausland entsandt** wurde, kann Elternzeit in Anspruch nehmen, wenn er weiterhin dem deutschen Sozialversicherungsrecht unterliegt.

3 Der **Kreis der Berechtigten** ist in Abs. 1 weitgehend übereinstimmend wie bei der Erziehungsgeldberechtigung nach § 1 geregelt (vgl. dazu die Ausführungen unter § 1 Rn. 2 bis Rn. 14). Anspruchsberechtigt sind Arbeitnehmer und Arbeitnehmerinnen für das Kind, für das ihnen die Personensorge zusteht, das des Ehegatten oder Lebenspartners (s. a. § 1 Rn. 13) oder das, das sie mit dem Ziel der Annahme als Kind in ihre Obhut aufgenommen haben und mit dem sie in einem Haushalt leben. Die Tatsache der Vaterschaft und der elterlichen Sorge oder wenn es sich um ein leibliches

BErzGG § 15

Kind des nichtsorgeberechtigten Antragstellers handelt und der sorgeberechtigte Elternteil die Zustimmung erteilt hat, berechtigen ebenfalls zum Anspruch, wenn sie mit dem Kind in einem Haushalt leben und es selbst betreuen und erziehen. Für Verwandte bis zum dritten Grad besteht im besonderen Härtefall, z.B. bei schwerer Krankheit, Behinderung, Tod eines Elternteils oder bei erheblich gefährdeter wirtschaftlicher Existenz ebenfalls Anspruch unter den vorgenannten weiteren Voraussetzungen. Zu den Verwandten dritten Grades gehören Großeltern, Tanten, Onkel und Geschwister des Kindes.

Abs. 2 Auf Elternzeit besteht grundsätzlich Anspruch bis zur Vollendung des dritten Lebensjahres des Kindes. Der Zeitraum endet nicht an dem dritten Geburtstag des Kindes, sondern am Tag vor diesem Geburtstag (Reinecke, FA 2001, 10). Ein Anteil von bis zu zwölf Monaten kann auf die Zeit bis zur Vollendung des achten Lebensjahres übertragen werden. Allerdings ist die **Übertragbarkeit** an die Zustimmung des Arbeitgebers gebunden. Damit soll eine spätere Betreuung des Kindes, z.B. während des ersten Schuljahres, ermöglicht werden (s.a. Gaul, BB 2000, 2466). Der Gesetzgeber geht nicht davon aus, dass Dauer und Zeitpunkt der Inanspruchnahme des übertragenen Anspruchs zum Zeitpunkt der Vereinbarung mit dem Arbeitgeber bereits festliegen (BT-Drs. 14/3553, S. 21). Für die Zeit zwischen dem dritten und achten Geburtstag des Kindes kann ein Zeitraum von bis zu zwölf Monaten noch genommen werden, ohne den Zeitpunkt genauer festzulegen. Es stellt sich dann die Frage, inwieweit der Arbeitgeber an die Zustimmung für diesen Teil der Elterzeit gebunden ist (Sowka, NZA 2000, 1185). Es ist zumindest zu empfehlen, eine **schriftliche Vereinbarung** zu treffen. 4

Es stellt sich ferner die Frage, ob nach vollendetem dritten Lebensjahr des Kindes (vom Ausnahmefall der Adoption und Adoptionspflege abgesehen) noch eine »Übertragung« in Betracht kommt. Einer einvernehmlichen Vereinbarung eines Sonderurlaubsanspruchs und insoweit der Geltung der arbeitsrechtlichen Vorschriften des Gesetzes dürfte nichts entgegenstehen. Im Hinblick auf die sozialrechtlichen Folgewirkungen stellt sich aber die Frage, ob es sich hier dann noch um Elternzeit im Sinne des Gesetzes handelt (Sowka, NZA 2000, 1185). 5

Der Fall einer Übertragung über das dritte Lebensjahr des Kindes hinaus wird aber wohl nur vereinzelt vorkommen. Sie wird nur selten im Interesse des Arbeitnehmers/der Arbeitnehmerin liegen. Diese/r läuft nämlich bei einem Arbeitgeberwechsel auf jeden Fall Gefahr, die restliche Elternzeit nicht mehr nutzen zu können. Der neue Arbeitgeber ist nämlich nicht an die erteilte Zustimmung des alten Arbeitgebers gebunden (BT-Drs. 14/3553, S. 21). 6

Für angenommene Kinder und für Kinder in Adoptionspflege kann Elternzeit ebenfalls von insgesamt drei Jahren genommen werden, längstens jedoch bis zur Vollendung des 8. Lebensjahres des Kindes. Die Möglichkeiten der Übertragbarkeit der Elternzeit gelten hier sinngemäß ebenfalls. 7

§ 15 BErzGG

7a Der Anspruch auf Elternzeit kann nicht durch Vertrag ausgeschlossen oder beschränkt werden. Die gesetzliche Vorschrift ist zwingend. Abweichungen in Einzelverträgen, Betriebsvereinbarungen oder Tarifverträgen sind nur zugunsten des Arbeitnehmers zulässig (vgl. Zmarzlik/Zipperer/Viethen, § 15 Rn. 35).

8 Nach Abs. 3 ist es seit dem 1.1.2001 möglich, dass sowohl anteilig von jedem Elternteil als auch von beiden Eltern **gemeinsam Elternzeit** genommen wird. Die Gesamtdauer bleibt allerdings – auch bei Mehrlingsgeburten – auf drei Jahre begrenzt, d.h., dass jeder der Elternteile bei gleichzeitiger Elternzeit die drei Jahre voll ausschöpfen kann (Sowka, NZA 2000, 1185). Die Mutterschutzfrist soll mit Ausnahme des Falls der besonderen Härte (z.B. schwere Krankheit, Behinderung, Tod eines Elternteils oder bei erheblich gefährdeter wirtschaftlicher Existenz) auf diese Gesamtdauer angerechnet werden.

9 Die Elternzeit des Vaters kann bereits während der acht- bzw. zwölfwöchigen Mutterschutzfrist für die Mutter beginnen. Für die Mutter gilt nach der Geburt das Beschäftigungsverbot nach § 6 MuSchG, so dass für sie für diesen Zeitraum ein Anspruch auf Elternzeit ausscheidet.

10 Die zuvor beschriebenen Grundsätze gelten entsprechend für Adoptiveltern und Adoptivpflegeeltern.

11 Abs. 4 Während der Elternheit besteht ein **Rechtsanspruch auf Teilzeitarbeit** beim **eigenen Arbeitgeber**. Zulässig ist eine Erwerbstätigkeit (zum Begriff Erwerbstätigkeit vgl. § 1 Rn. 18), wenn die vereinbarte wöchentliche Arbeitszeit für jeden Elternteil die Dauer von 30 Stunden (bislang 19 Stunden) nicht übersteigt. Nach dem Willen des Gesetzgebers gilt diese Höchstgrenze für jeden Elternteil (BT-Drs. 14/3553, S. 21).

12 Die Aufnahme der Teilzeitarbeit sowie deren Lage bedarf der **Zustimmung des Betriebsrats** (s.a. Klevemann, AiB 1986, 156; Meier, NZA 1988, Beil. 3 S. 3; a.A. BAG v. 16.7.1991, NZA 1992, 180, wonach der Arbeitsbereich i.S.d. § 95 Abs. 3 BetrVG nicht durch die Dauer der Arbeitszeit bestimmt werde) nach § 99 BetrVG insbesondere dann, wenn mit der Änderung der Arbeitszeit eine Änderung der Arbeitsumstände einhergeht. Das könnte der Fall sein bei veränderten Arbeitsabläufen, organisatorischen Einbindungen, sich aber auch in einer wesentlichen Änderung der Lebensumstände (Notwendigkeit anderer Verkehrsmittel, Probleme hinsichtlich der Kinderbetreuung) äußern (s.a. DKK-Kittner, § 99 Rn. 103 und vgl. weitere Ausführungen unter Rn. 40). Das BAG (v. 28.4.1998, NZA 1998, 1353) hat seine Ansicht zwischenzeitlich geändert und erklärt, dass es sich selbst bei einer aushilfsweisen befristeten Teilzeitbeschäftigung auf dem bisherigen Arbeitsplatz um eine zustimmungspflichtige Einstellung im Sinne des § 99 BetrVG handelt.

13 Die Aufnahme einer **Teilzeitarbeit bei einem anderen Arbeitgeber** oder die Aufnahme einer selbständigen Tätigkeit bedarf der **Zustimmung des Arbeitgebers**. Es besteht schließlich die Gefahr, dass diese Tätigkeit gegen das

BErzGG § 15

Wettbewerbsverbot oder etwaige Verschwiegenheitspflichten verstoßen könnte. Der Arbeitgeber darf die Zustimmung zu einer derartigen Tätigkeit nur ablehnen, wenn dieser **dringende betriebliche Gründe** entgegenstehen. Bisher konnte die Zustimmung bereits bei Vorliegen von »entgegenstehenden betrieblichen Interessen« verweigert werden. Ferner muss er die Ablehnung innerhalb von vier Wochen schriftlich erklären.

Mit der Formulierung »**dringende betriebliche Gründe**« wird klargestellt, dass die Zustimmung zu einer Tätigkeit bei einem anderen Arbeitgeber nicht einfacher verweigert werden kann, als die Zustimmung beim bisherigen Arbeitgeber während der Elternzeit eine Teilzeitbeschäftigung auszuüben (vgl. Abs. 7 Satz 1 Nr. 4). **14**

Abs. 5 Die Vertragsparteien sollen sich über einen entsprechenden **Antrag** des Arbeitnehmers beim bisherigen Arbeitgeber, während der Elternzeit eine Teilzeitarbeit auszuüben, sowie über die konkreten Einzelheiten innerhalb von vier Wochen einigen. Eltern sind während der Elternzeit berechtigt, sowohl ihre jeweilige nicht über 30 Stunden in der Woche hinaus reichende Teilzeitarbeit ab Beginn der Elternzeit unverändert fortzusetzen als auch nach Ende der Elternzeit zu der früheren Arbeitszeit (z.B. Vollzeit) zurückzukehren. **15**

Abs. 6 Ist eine **Einigung** zwischen Arbeitnehmer und Arbeitgeber nicht möglich, besteht unter den in § 7 aufgeführten Voraussetzungen ein begrenzter Anspruch auf Verringerung der Arbeitszeit, und zwar für jeden Elternteil nur zweimal während der möglichen Gesamtdauer von drei Jahren. **16**

In **Abs. 7** sind die im Folgenden erläuterten weiteren Voraussetzungen für den Anspruch auf Verringerung der Arbeitszeit geregelt: **17**

– Mindestgröße des Betriebes:
  Unabhängig von der Anzahl der Personen in Berufsausbildung, muss der Arbeitgeber mehr als 15 Arbeitnehmer beschäftigen. Im Gegensatz zum Regierungsentwurf werden sämtliche Beschäftigten unabhängig von der Dauer der Arbeitszeit mit dem Faktor 1 bewertet.

– Betriebszugehörigkeit des Elternteils, der eine verringerte Arbeitszeit geltend macht:
  In demselben Betrieb oder Unternehmen muss das Arbeitsverhältnis sechs Monate bestanden haben.

– Zeitraum:
  Er muss zusammenhängend mindestens drei Monate und die angestrebte wöchentliche Arbeitszeit zwischen 15 und 30 Stunden betragen.

– Dringende betriebliche Gründe:
  An das Vorliegen dieser Voraussetzung sind strenge Anforderungen zu stellen. In der Gesetzesbegründung wird dazu, was unter »dringende betriebliche Gründe« zu verstehen ist, nur auf § 7 Abs. 2 Satz 1 BUrlG verwiesen (BT-Drs. 14/3553, S. 22). Nach § 8 Abs. 4 TzBfG kann ein

§ 15 BErzGG

Verlangen auf Verringerung der Arbeitszeit bereits beim Vorliegen betrieblicher Gründe, die im Gesetz selbst bezeichnet sind, abgelehnt werden. Für das BErzGG muss das Kriterium »dringende« hinzukommen. Daher genügt die wesentliche Beeinträchtigung der Organisation, des Arbeitsablaufs, der Sicherheit des Betriebes oder der Verursachung unverhältnismäßiger Kosten nicht. Macht der Arbeitgeber jedoch geltend, keine geeignete Arbeitskraft finden zu können, der seine Arbeitszeit während des Elternzeit reduziert wahrnehmen will (Gaul, BB 2000, 2466), oder wurde bereits eine Ersatzkraft eingestellt (Reinecke, FA 2001, 10), soll das genügen. Im Rahmen einer am Einzelfall ausgerichteten Interessenabwägung wird man ein deutliches Überwiegen der Interessen an der Vermeidung einer Teilzeitbeschäftigung annehmen müssen. Überwiegt keines der Interessen, ist den Wünschen des Arbeitnehmers der Vorrang einzuräumen (Gaul, BB 2000, 2466 m.w.N.)

– Mitteilungsfrist:
Der Anspruch ist dem Arbeitgeber acht Wochen vorher schriftlich mitzuteilen. Hat der Arbeitnehmer die Frist versäumt, muss er den Termin für den Beginn der veränderten Arbeitszeit ggf. verschieben.

18 Arbeitnehmer und Arbeitgeber sollen sich über die Frage der **Verringerung der Arbeitszeit** und ihrer **Verteilung** einigen. In Abs. 5 wird ausdrücklich zwischen diesen Ansprüchen unterschieden. In Abs. 7 Nr. 4 wird auf die Ausgestaltung jedoch nicht mehr Bezug genommen. Jedoch auch wenn der Verringerung der Arbeitszeit an sich keine dringenden betrieblichen Gründe entgegenstehen, könnten aus der Sicht des Arbeitgebers der Verteilung der geringeren Arbeitszeit durchaus Gründe entgegenstehen. Hier stellt sich dann die Frage, ob der Arbeitgeber berechtigt den Antrag der Arbeitnehmerin ablehnen darf. Bejaht man das, ginge der aus familiären Gründen geschaffene Anspruch auf Verringerung der Arbeitszeit vielfach ins Leere. Der Arbeitgeber könnte aufgrund seines Rechts zur Verteilung der verkürzten Arbeitszeit eine Verteilung vornehmen, die den Zielen der Arbeitnehmerin widerspricht (Leßmann, DB 2001, 94).

19 Probleme könnten sich aus dem **Verhältnis des Anspruchs auf Elternzeit zum Anspruch auf Verringerung der Arbeitszeit** ergeben. Eine Arbeitnehmerin möchte Elternzeit für zwei Jahre unter der Bedingung nehmen, dass der Arbeitgeber einer Teilzeittätigkeit von 25 Stunden pro Woche zustimmt. Gibt sie zunächst die verbindliche Erklärung hinsichtlich der Elternzeit ab, um sich anschließend mit der Frage der Teilzeit zu befassen, besteht für sie die Gefahr, dass sie die Elternzeit aufgrund der vorbehaltlosen Mitteilung antreten muss. Anschließend könnte ihr Arbeitgeber aber z.B. wegen der Art der anfallenden Arbeiten aus dringenden betrieblichen Gründen die Verringerung der Arbeitszeit berechtigt ablehnen.

20 Dieses Problem wurde offensichtlich vom Gesetzgeber nicht gesehen. Der Wortlaut spricht dafür, dass die Inanspruchnahme von Elternzeit und der Anspruch auf Verringerung der Arbeitszeit unabhängig nebeneinander stehen (Leßmann, DB 2001, 94). Möchte ein Elternteil Elternzeit bei gleichzeitiger Teilzeittätigkeit in Anspruch nehmen, muss er gegenüber seinem Arbeitgeber sowohl Elternzeit beanspruchen als auch Verringerung der Arbeitszeit beantragen. Er sollte sich bemühen, eine verbindliche Zusage für die Teilzeit zu erhalten, bevor er schriftlich Elternzeit anzeigen muss.

Die **Fristen** für die Geltendmachung der Elternzeit und des Teilzeitanspruchs passen teilweise nicht zusammen. Will der Arbeitnehmer/die Arbeitnehmerin Elternzeit mit der Geburt des Kindes oder sofort nach Ablauf der Mutterschutzfrist antreten, ist für die Geltendmachung der Elternzeit eine Frist von sechs Wochen vorgesehen und für den Rechtsanspruch auf Teilzeit eine achtwöchige Frist einzuhalten. 21

Im Falle einer **Ablehnung** der beanspruchten Verringerung der Arbeitszeit, muss der Arbeitgeber diese innerhalb von vier Wochen **schriftlich begründen**. 22

Der Arbeitnehmer kann bei Ablehnung oder bei Fristversäumnis seinen Anspruch vor dem **Arbeitsgericht** geltend machen. Für die Ausgestaltung des Anspruchs kommt es darauf an, ob davon auszugehen ist, dass das Teilzeitarbeitsverhältnis in der Elternzeit zwischen dem Elternteil und dem Arbeitgeber bereits mit der Erfüllung der gesetzlichen Voraussetzungen ohne weitere Erklärung des Arbeitgebers zustande kommt oder davon, dass der Anspruch dem Arbeitnehmer bei Vorliegen der gesetzlichen Voraussetzungen zwar zusteht, seine Verwirklichung jedoch nur mit Zustimmung des Arbeitgebers möglich ist. Nach der ersten Variante wäre es dem Arbeitnehmer möglich, seine Rechte sowohl im Wege der Feststellungs- als auch der Leistungsklage (Beschäftigungsanspruch, Zahlung der Vergütung etc.) geltend zu machen (Leßmann, DB 2001, 94). Im anderen Fall hat sich der Klageantrag auf Erklärung der Zustimmung, also Abgabe einer Willenserklärung i.S.v. § 894 ZPO zu richten. Die Zustimmung gilt erst mit Rechtskraft des stattgebenden Urteils als erteilt. Die tatsächliche Beschäftigung wird aber nur zu sichern sein, wenn die Rechtsprechung den Erlass einer **einstweiligen Verfügung** als möglich ansehen wird. Ein Hauptsacheverfahren wird nämlich vor dem Ende der Elternzeit kaum rechtskräftig abgeschlossen werden können (s.a. Reinecke, FA 2001, 10). 23

Auswirkungen auf andere Rechtsbereiche

Vom Beginn bis zum Ende der Elternzeit besteht ein **unbefristetes Arbeitsverhältnis** in seiner Ausgestaltung unverändert fort. Geht ein Arbeitsverhältnis aufgrund eines Rechtsgeschäfts auf einen Erwerber gemäß § 613a Abs. 1 Satz 1 BGB (**Betriebsübergang**) über, gilt dies ebenfalls für Arbeitnehmer in Elternzeit. Ein **befristetes Arbeitsverhältnis** läuft grundsätzlich zum vereinbarten Zeitpunkt aus. Es wird auch nicht um die Zeit der Freistellung von der Arbeit für die Elternzeit verlängert, es sei denn, spezialgesetzliche Regelungen sehen dieses vor (z.B. § 57c Abs. 6 Nr. 3 HRG oder § 1 Abs. 4 Nr. 3 des Gesetzes über befristete Verträge mit Ärzten in 24 der Weiterbildung im Einvernehmen mit dem Arbeitnehmer) oder es wurde ausnahmsweise ausdrücklich vereinbart. Hat allerdings der Arbeitgeber die Übernahme in ein unbefristetes Arbeitsverhältnis bei Eignung und Bewährung in Aussicht gestellt und setzt sich mit einer Ablehnung in Widerspruch zu seinem bisherigen Verhalten und dem von ihm geschaffenen Vertrauenstatbestand, kann er zur Fortsetzung auf unbestimmte Zeit verpflichtet sein (BAG v. 16.3.1989, DB 1989, 1729). Elternzeit wird auf ein **Berufsausbildungsverhältnis**, das gemäß § 14 Abs. 1 BBiG grundsätzlich mit Ablauf der Ausbildungszeit endet, nicht angerechnet. Es verlängert sich nach § 20 Abs. 1 Satz 2 um die in Anspruch genommene Elternzeit.

25 Während der Elternzeit (ohne Ausübung einer Teilzeittätigkeit bei demselben Arbeitgeber) ruht das **Arbeitsverhältnis** aufgrund der gesetzlichen Vorschriften (BAG v. 10.2.1993, DB 1993, 1090). Die arbeitsvertraglichen **Hauptpflichten**, die Pflicht des Arbeitnehmers zur Arbeitsleistung und die Pflicht des Arbeitgebers zur Zahlung des regelmäßigen Arbeitsentgelts, entfallen und leben nach Ende der Elternzeit wieder auf (Zmarzlik/Zipperer/Viethen, § 15 Rn. 52 ff. m.w.N.). Die arbeitsrechtlichen **Nebenpflichten**, die nicht unmittelbar mit der Arbeits- bzw. der Entgeltzahlungspflicht zusammenhängen, wie beispielsweise die Pflicht zum Persönlichkeitsschutz, zur Verschwiegenheit oder zur Unterlassung des Wettbewerbs, bleiben jedoch bestehen.

26 Mit Beendigung der Elternzeit lebt das Arbeitsverhältnis ohne weiteres wieder auf. Der Arbeitnehmer hat unaufgefordert wieder zur Arbeit zu erscheinen. Ob der Arbeitgeber zur **Weiterbeschäftigung am bisherigen Arbeitsplatz** (vor der Elternzeit) verpflichtet ist, richtet sich allein nach dem Inhalt des Arbeitsvertrages. Ist im Arbeitsvertrag der Arbeitsplatz/die Tätigkeit des Arbeitnehmers nicht konkret bestimmt, kann der Arbeitgeber ihn im Rahmen des Direktionsrechts – vorausgesetzt der Betriebsrat hat gem. § 99 BetrVG zugestimmt – auf einen neuen Arbeitsplatz versetzen. Das Direktionsrecht des Arbeitgebers umfasst jedoch nicht die Versetzung eines Arbeitnehmers auf einen geringwertigeren Arbeitsplatz. Liegt eine Versetzung nicht im Rahmen des Direktionsrechts, bedarf es ggf. einer Änderungskündigung. Diese kann unter Beachtung von § 18 jedoch erst nach Beendigung der Elternzeit ausgesprochen werden und bedarf der Beteiligung des Betriebsrats nach §§ 99 **und** 102 BetrVG.

27 Inwieweit der Arbeitgeber Sonderzuwendungen wie **Gratifikationen, Weihnachtsgeld** und sonstige gratifikationsähnliche Leistungen während der Elternzeit zu erbringen hat, hängt entscheidend davon ab, welcher **Zweck** mit der jeweiligen Leistung verfolgt wird. Zu prüfen ist, ob es sich handelt um eine

a) Sonderzuwendung, die für **erbrachte Arbeitsleistung** gezahlt wird (vgl. Rn. 28),

b) Sonderzuwendung, mit der bisherige oder zukünftige **Betriebstreue honoriert** wird (liegt i.d.R. vor, wenn für die Leistung eine Wartezeit, ein ungekündigtes Arbeitsverhältnis zu einem Stichtag oder Rückzahlungsverpflichtungen Voraussetzung sind; vgl. Rn. 29) oder

c) Sonderzuwendung mit **Mischcharakter**, die sowohl Entgelt für erbrachte Arbeitsleistung sein als auch zusätzlich Betriebstreue honorieren soll (vgl. Rn. 31).

Hat die Sonderzahlung ausschließlich **Entgeltcharakter** (Gegenleistung für tatsächlich verrichtete Arbeit in einem bestimmten Zeitraum in unmittelbarem Bezug zum regelmäßigen Entgelt wie z.B. 13./14. Monatsgehalt; s. Rn. 27 Fallgruppe a), entfällt sie gleichzeitig mit der Pflicht des Arbeitgebers zur Zahlung des Entgelts; dies gilt ebenfalls für einzelvertraglich zugesagte Sonderzahlungen (LAG Köln v. 13.3.1997, NZA-RR 1997, 417). **28**

Der Anspruch auf die Sonderzahlung besteht grundsätzlich in der Elternzeit in vollem Umfang, wenn es sich nicht um ein zusätzliches Entgelt für geleistete Arbeit handelt (vgl. Rn. 28). Dieses trifft zu auf Gratifikationen (z.B. Weihnachtsgeld), mit denen die **Betriebstreue honoriert** werden soll (vgl. Rn. 27 Fallgruppe b). Eine Jahressonderzahlung kann jedoch **für Zeiten gekürzt** werden, **in denen das Arbeitsverhältnis ruht**, also während einer Zeit, für die ein Arbeitnehmer sich in der Elternzeit befindet. Ist im Tarifvertrag bestimmt, dass ein Anspruch auf eine tarifliche Sonderzahlung nicht besteht für Zeiten, in denen das Arbeitsverhältnis kraft Gesetzes ruht, hat ein Arbeitnehmer lediglich Anspruch auf die gekürzte tarifliche Jahressonderzahlung (BAG v. 24.11.1993, NZA 1994, 423; v. 24.5.1995, NZA 1996, 31). **29**

Sieht ein Arbeitsvertrag vor, dass die Zahlung eines Weihnachtsgeldes unter dem Vorbehalt des jederzeitigen Widerrufs steht und ein Rechtsanspruch auf das Weihnachtsgeld nicht besteht, so handelt es sich bei dieser Sonderzahlung nicht um einen Teil der im Austauschverhältnis zur Arbeitsleistung stehenden Vergütung. Daher darf der Arbeitgeber eine anteilige Kürzung des Weihnachtsgeldes für Zeiten, in denen das Arbeitsverhältnis wegen Elternzeit ruht, nur dann vornehmen, wenn dies ausdrücklich vereinbart wurde (BAG v. 10.5.1995, NZA 1995, 1096). **30**

Wenn der Zweck der Sonderzuwendung nicht oder nicht eindeutig ermittelt werden kann, ist im **Zweifel** davon auszugehen, dass lediglich eine zusätzliche Vergütung für die geleistete Arbeit innerhalb des Bezugszeitraums beabsichtigt war (BAG v. 8.10.1986, NZA 1987, 317; v. 24.10.1990, NZA 1991, 318). Ist der Vereinbarung über die Jahressonderzahlung jedoch ein mehrfacher Zweck zu entnehmen (Mischcharakter; vgl. Rn. 27 Fallgruppe c), scheidet eine Kürzung für die Dauer der Elternzeit regelmäßig aus. Eine Kürzung wäre nur möglich, wenn vertraglich für den Fall des Ruhens des Arbeitsverhältnisses eine Quotenregelung vereinbart wurde (BAG v. 24.10.1990, NZA 1991, 317). Bei Fehlen einer solchen Regelung kann die Sonderzahlung auch dann nicht ausgeschlossen werden, wenn wegen der Elternzeit im Bezugszeitraum keine oder nur eine unwesentliche Arbeitsleistung erbracht wurde (BAG v. 5.8.1992, NZA 1993, 130ff.; v. 8.12.1993, NZA 1994, 421). **31**

§ 15 BErzGG

32 Für die Zahlung einer zusätzlichen Urlaubsvergütung, des **Urlaubsgeldes**, gelten die vorstehenden Grundsätze ebenfalls. Nähere Ausführungen hierzu siehe unter § 17 Rn. 10.

33 **Sachbezüge** (freie oder verbilligte Kost, Fahrtkosten zum Betrieb, verbilligte Einkaufsmöglichkeiten, Naturalleistungen, freie oder verbilligte Wohnungen) sind ein Teil des Arbeitsentgelts. Wie bei der Zahlung des Arbeitsentgelts ist der Arbeitgeber nicht verpflichtet, die Sachbezüge während der Elternzeit weiter zu zahlen. Eine Ausnahme stellt die Überlassung von Wohnraum dar, da der Arbeitnehmer anderenfalls nach Beendigung der Elternzeit u.U. seine Rechtsstellung nicht voll wiedererlangen könnte (vgl. Zmarzlik/Zipperer/Viethen, § 15 Rn. 61).

34 Sind aufgrund vertraglicher Verpflichtungen **vermögenswirksame Leistungen** auch während der Freistellung von der Arbeit zu erbringen, hat der Arbeitgeber dem Arbeitnehmer die darauf entfallende Arbeitnehmer-Sparzulage auszuzahlen. Gibt es keine vertragliche Regelung über die Fortzahlung der vermögenswirksamen Leistung während der Elternzeit, ist davon auszugehen, dass der Arbeitgeber die Leistung nicht fortzuzahlen braucht. Diese Leistungen sind meist Teil des regelmäßigen Arbeitsentgelts, von dessen Zahlungspflicht der Arbeitgeber während der Elternzeit befreit ist. Im Übrigen kann nur Arbeitslohn vermögenswirksam angelegt werden. Erziehungsgeld ist kein Arbeitslohn und kann daher nicht vermögenswirksam angelegt werden. Es brauchen in den meisten Fällen jedoch keine Nachteile bezüglich der Arbeitnehmer-Sparzulage hingenommen zu werden. Bei dem begünstigten Höchstbetrag handelt es sich um einen Jahresbeitrag, der zu einem beliebigen Zeitpunkt im jeweiligen Kalenderjahr erreicht werden kann. Ein Arbeitnehmer kann rechtzeitig vor oder nach der Elternzeit entsprechende Beträge seines Arbeitsentgelts vermögenswirksam anlegen lassen (vgl. Zmarzlik/Zipperer/Viethen, § 15 Rn. 62).

35 Eine **Entgeltfortzahlungspflicht** des Arbeitgebers **bei Arbeitsunfähigkeit während der Elternzeit**, in der keine zulässige Teilzeitarbeit geleistet wird, besteht nicht. Es kann auch kein Krankengeld bezogen werden. Hat der Arbeitnehmer Elternzeit beantragt und die Arbeitsunfähigkeit dauert über den beantragten Beginn der Elternzeit fort, hat er mit Beginn der Elternzeit keinen Anspruch auf Entgeltfortzahlung. **Durch die Erkrankung** des Arbeitnehmers wird die Elternzeit **nicht unterbrochen oder verlängert** (BAG v. 22.6.1998, AP Nr. 1 zu § 15 BErzGG). Dauert die Arbeitsunfähigkeit über das Ende der Elternzeit hinaus fort, ist der Arbeitgeber zur Entgeltfortzahlung verpflichtet. Die Dauer der Entgeltfortzahlung für die Sechswochenfrist beginnt am Tag nach der Beendigung der Elternzeit zu laufen. Danach besteht Anspruch auf Krankengeld.

36 Leistet der Arbeitnehmer während der Elternzeit **Teilzeitarbeit**, hat er nach den allgemeinen Regeln Anspruch gegenüber dem Arbeitgeber auf Weiterzahlung des Arbeitsentgelts für sechs Wochen. Erkrankt er vor Beginn der

BErzGG § 15

Elternzeit, richtet sich ab Beginn der Elternzeit der Anspruch auf Fortzahlung des Entgelts nach der Teilzeitvergütung und nach Ende der Elternzeit nach der Höhe der Vollzeitvergütung, wie sie vor der Elternzeit bestand.

Bei der **betrieblichen Altersversorgung** wird der Zeitraum der Elternzeit grundsätzlich als Betriebszugehörigkeit bei der Berechnung der Unverfallbarkeit der Anwartschaft, der Wartezeiten sowie der den Anspruch steigernden Ruhegeldzeiten berücksichtigt. Auf die Höhe des Versorgungsanspruchs kann sich die Elternzeit abhängig von der jeweiligen Gestaltung der Versorgungszusage bzw. -ordnung unterschiedlich auswirken. So ist der Arbeitgeber nicht gehindert, den Maßstab für den Umfang der betrieblichen Versorgungsleistungen an dem Grad der erbrachten Arbeitsleistungen der Beschäftigten auszurichten und als Folge hiervon Zeiten der Elternzeit unberücksichtigt zu lassen (BAG v. 15.2.1994, NZA 1994, 794). **37**

Bei einer gehaltsabhängigen Versorgung wird die Dauer der Elternzeit hinsichtlich des Versorgungsaufwands nicht berücksichtigt, wenn sich dieser an dem tatsächlich gezahlten Entgelt orientieren sollte. Orientiert sich der Versorgungsaufwand jedoch an dem vereinbarten Arbeitsentgelt – und nicht an dem tatsächlich gezahlten –, ist auch die Dauer der Elternzeit einzubeziehen (vgl. Zmarzlik/Zipperer/Viethen, § 15 Rn. 67a). **38**

Während der Elternzeit bleiben Beschäftigte Arbeitnehmer/innen i.S.d. Betriebsverfassungs- bzw. Personalvertretungsgesetzes und damit wahlberechtigt und **wählbar zur Betriebs-/Personalratswahl.** Während der Elternzeit darf sie/er an Betriebsversammlungen teilnehmen und hat hierfür auch einen Vergütungsanspruch aus § 44 Abs. 1 Satz 2 BetrVG (BAG v. 31.5.1989, NZA 1990, 449). Unabhängig von der Teilnahmeberechtigung an Betriebsversammlungen (LAG München v. 27.2.1998, AiB-Telegramm 1998, 21) ist das Betriebs-/Personalratsmitglied für die Dauer der Elternzeit jedoch grundsätzlich an der Amtsführung i.S.v. § 25 Abs. 1 Satz 2 BetrVG bzw. § 31 Abs. 1 Satz 2 BPersVG gehindert und ein Ersatzmitglied tritt an seine Stelle (s.a. Meisel/Sowka, § 15 BetrVG Rn. 41f.) **39**

Die **Aufgaben von Betriebs- und Personalräten** im Rahmen der Elternzeit sind umfangreich. Es gehören z.B. dazu: **40**

- die Überwachung, dass jede unterschiedliche Behandlung von Personen wegen ihres Geschlechts unterbleibt (§ 75 Abs. 1 BetrVG, § 67 Abs. 1 BPersVG), wie beispielsweise die Benachteiligung weiblicher Beschäftigter hinsichtlich ihres beruflichen Aufstiegs, weil sie häufiger Elternzeit in Anspruch nehmen;

- die Überwachung, dass die zugunsten der Arbeitnehmer geltenden Gesetze, zu denen auch das BErzGG gehört, eingehalten werden (§ 80 Abs. 1 Nr. 1 BetrVG, § 68 Abs. 1 Nr. 2 BPersVG), wie beispielsweise organisatorische Maßnahmen, die zur Überbrückung bei Arbeitsbefreiung wegen Elternzeit der Arbeitnehmerinnen erforderlich sind;

§ 15 BErzGG

- die Entgegennahme von Anregungen der Arbeitnehmer und, falls diese berechtigt erscheinen, durch Verhandlungen mit dem Arbeitgeber auf Erledigung hinzuwirken (§ 80 Abs. 1 Nr. 3 BetrVG, § 68 Abs. 1 Nr. 3 BPersVG);
- die Durchsetzung der tatsächlichen Gleichberechtigung von Frauen und Männern zu fördern (§ 80 Abs. 1 Nr. 2a BetrVG);
- die Eingliederung »schutzbedürftiger« Personen zu fördern (§ 80 Abs. 1 Nr. 4 BetrVG, § 68 Abs. 1 Nr. 4 BPersVG);
- die Beteiligung bei Maßnahmen der Personalplanung zur Überbrückung der Arbeitsbefreiung der Arbeitnehmerinnen und Arbeitnehmer in Elternzeit (§ 92 BetrVG, § 78 Abs. 3 BPersVG). Der Arbeitgeber hat den Betriebsrat anhand von Unterlagen rechtzeitig und umfassend zu unterrichten und mit ihm über Art und Umfang der erforderlichen Maßnahmen und über die Vermeidung von Härten zu beraten (vgl. Kommentierung bei DKK-Schneider zu § 92 BetrVG; FKHE zu § 92 BetrVG);
- die Mitbestimmung bei personellen Einzelmaßnahmen (§ 99 BetrVG, §§ 75 ff. BPersVG), z.B. bei Einstellungen oder Versetzungen für befristet eingestellte Arbeitnehmer als Vertretung für die/den von der Arbeit freigestellte/n Arbeitnehmer/in in Elternzeit oder bei »Zweiteinstellung«, wenn das Arbeitsverhältnis schon länger besteht und zukünftig in Teilzeit gearbeitet werden soll (BAG v. 28.4.1998, NZA 1998, 1352);
- die Mitbestimmung hinsichtlich Dauer und Lage der Arbeitszeit (§ 87 BetrVG, § 75 Abs. 3 Nr. 1 BPersVG);
- die Mitbestimmung bei der Einbeziehung von Teilzeitbeschäftigten während der Elternzeit bei Qualifikations- bzw. betrieblichen Bildungsmaßnahmen (§§ 96 ff. BetrVG);
- die Unterstützung der Beschäftigten, wenn beispielsweise der Arbeitgeber den geltend gemachten Anspruch auf Verringerung der Arbeitszeit nach § 15 wegen dringender betrieblicher Gründe oder nach Beendigung der Elternzeit nach dem TzBfG aus betrieblichen Gründen verweigert. Betriebs-/Personalräte können grundsätzlich übersehen, ob der Arbeitgeber z.B. durch eine Ausgestaltung der Arbeitszeit – nur Schichtarbeit, nur in den frühen Morgenstunden oder späten Abendstunden etc. – versucht, den Teilzeitwunsch zu boykottieren.

41 Die Mitgliedschaft versicherungspflichtiger Arbeitnehmer in der **gesetzlichen Krankenversicherung** bleibt gemäß § 192 Abs. 1 Nr. 2 SGB V bestehen, solange Elternzeit in Anspruch genommen wird. Dies ist nicht davon abhängig, dass Versicherungspflichtige auch Anspruch auf Erziehungsgeld haben. Also auch Versicherungspflichtige, die sich in Elternzeit befinden und deren Einkommen die Grenzen in § 5 Abs. 2 überschreitet oder die bis zum dritten Lebensjahr des Kindes Elternzeit genommen haben, nach Vollendung des zweiten Lebensjahres aber keinen Anspruch mehr auf Erziehungsgeld haben, bleiben weiter versichert. Bei der »Übertragung«

BErzGG § 15

der Elternzeit bis zu zwölf Monate nach vollendetem dritten bis zum achten Lebensjahr des Kindes stellt sich die Frage, ob es sich dabei noch um Elternzeit handelt.

Bei Versicherten, die während der Elternzeit nicht erwerbstätig sind und kein Entgelt beziehen, ist beitragspflichtiges Einkommen nicht vorhanden, von dem Beiträge erhoben werden können. Für den Versicherten besteht daher **Beitragsfreiheit**. Für Erziehungsgeld selbst ist gemäß § 224 SGB V sowohl von Pflichtversicherten als auch von freiwillig Versicherten kein Beitrag zu zahlen. Da bei **pflichtversicherten Mitgliedern** für die Beitragsbemessung das Arbeitsentgelt zugrunde gelegt wird (§ 226 SGB V), besteht bei ihnen auch nach Auslaufen des Erziehungsgeldes für die gesamte Dauer der Elternzeit Beitragsfreiheit. Für **freiwillig Versicherte** in der gesetzlichen Krankenversicherung gilt dies nicht. Ihr Beitrag bemisst sich nach der Gesamtheit der Einkünfte, zu der u.a. das ihnen zuzurechnende Arbeitseinkommen des Ehegatten gehört. Auch wenn es keine Einkünfte gibt, ist von freiwillig Versicherten auch während der Elternzeit ein Mindestbeitrag nach Maßgabe des § 240 SGB V zu entrichten. **42**

Wird während der Elternzeit eine zulässige **versicherungspflichtige Teilzeitbeschäftigung** ausgeübt, sind für das Arbeitsentgelt Beiträge zu entrichten. Wird in diesem Fall ein in der gesetzlichen Krankenversicherung freiwillig Versicherter, versicherungspflichtig, bleibt er dies bis zum Ende des Jahres, in dem die Elternzeit endet, auch wenn er nach Ablauf der Elternzeit wieder eine versicherungsfreie Beschäftigung ausübt (§ 6 Abs. 4 SGB V). **43**

Arbeitnehmer, die in der **privaten Krankenversicherung** versichert sind, müssen ihre Beiträge während der Dauer der Elternzeit weiterzahlen. Ein Anspruch auf den Zuschuss des Arbeitgebers gemäß § 257 Abs. 2 SGB V besteht nicht. **44**

Der freiwillig in der gesetzlichen Krankenkasse und der in der privaten Krankenkasse Versicherte können sich gem. § 8 Abs. 1 Nr. 2 SGB V während der Elternzeit allerdings von der Versicherungspflicht befreien lassen. Der Antrag auf Befreiung kann nur innerhalb von drei Monaten nach Beginn der Versicherungspflicht bei der zuständigen Krankenkasse gestellt werden (Eingang beim unzuständigen Versicherungsträger gem. § 16 Abs. 2 SGB I innerhalb der Dreimonatsfrist ausreichend). Die Befreiung endet mit Ablauf der Elternzeit. **45**

Privat Krankenversicherte, die durch eine Teilzeitbeschäftigung während der Elternzeit krankenversicherungspflichtig werden, können den Versicherungsvertrag mit ihrer privaten Krankenversicherung nach § 5 Abs. 9 SGB V vorzeitig kündigen, wenn sie nachweisen, dass sie versicherungspflichtig werden. Die Kündigung kann mit Wirkung vom Eintritt der Versicherungspflicht an erfolgen. **46**

Ehegatten und Lebenspartner (zum Begriff s. § 1 Rn. 13) sind während der Elternzeit nach § 10 Abs. 1 Satz 3 (neu) SGB V nicht als Familienangehörige bei ihrem Ehegatten bzw. Lebenspartner in der gesetzlichen Kranken- **47**

§ 15 BErzGG

versicherung – ohne eigene Beitragszahlung – versichert, wenn sie zuletzt vor Beginn der Elternzeit nicht bei einer Krankenkasse gesetzlich versichert waren. Auch in der sozialen Pflegeversicherung besteht während dieser Zeiten kein Versicherungsschutz als mitversicherter Familienangehöriger.

48 Privat Krankenversicherte, die zuletzt vor Inanspruchnahme der Elternzeit krankenversicherungsfrei oder von der Krankenversicherungspflicht befreit und in der privaten Krankenversicherung versichert waren, müssen während der Elternzeit weiterhin privat krankenversichert bleiben. Ein Zugang zur Familienversicherung in der gesetzlichen Krankenversicherung über die Mitgliedschaft des Ehegatten bzw. bei homosexuellen Paaren des Lebenspartners wird damit ausgeschlossen. Der Ausschluss der Familienversicherung während der Elternzeit wird nicht wirksam für diejenigen, die am 1.1.2000 bereits als Familienangehörige in der gesetzlichen Krankenversicherung bei ihrem Ehegatten versichert waren (DB 1999, 214).

49 Der **Krankenversicherungsschutz während der Elternzeit** umfasst sämtliche Leistungen der Krankenversicherung mit **Ausnahme** des Anspruchs auf **Krankengeld** (§ 49 Abs. 1 Nr. 2 SGB V). Krankengeld kann neben dem Erziehungsgeld nur bezogen werden, wenn die Arbeitsunfähigkeit vor Beginn der Elternzeit eingetreten ist oder während der Elternzeit Arbeitsentgelt aus einer versicherungspflichtigen Tätigkeit mit einer wöchentlichen Arbeitszeit von nicht mehr als 30 Stunden bezogen wird.

50 Zu berücksichtigen ist, dass im letzten Fall der Arbeitgeber bei Arbeitsunfähigkeit zunächst bis zu maximal sechs Wochen zur Entgeltfortzahlung verpflichtet ist. In dieser Zeit ruht der Anspruch auf Krankengeld gem. § 49 Abs. 1 Nr. 1 SGB V.

Beispiel 1:
Frau Bode will im Anschluss an die Mutterschutzfrist, die am 25. Februar endet, Elternzeit nehmen. Am 22. Februar erkrankt sie arbeitsunfähig.
Sie hat Anspruch auf Krankengeld, da die Arbeitsunfähigkeit vor Beginn der Elternzeit eingetreten ist. Dieses ist auf der Basis des alten Vollzeitverdienstes zu berechnen. Für die Tage, für die sie noch Mutterschaftsgeld bezieht, ruht jedoch gemäß § 49 Abs. 1 Nr. 3 SGB V der Anspruch auf Krankengeld.

Beispiel 2:
Frau Anton arbeitet während der Elternzeit 25 Stunden in der Woche als Teilzeitbeschäftigte und erkrankt arbeitsunfähig.
Sie hat Anspruch auf Krankengeld, das nach dem letzten abgerechneten Entgeltabrechnungszeitraum vor Beginn der Arbeitsunfähigkeit zu berechnen ist (§ 47 Abs. 2 SGB V). Es ruht jedoch während der Entgeltfortzahlung durch den Arbeitgeber, die i.d.R. sechs Wochen beträgt (§ 49 Abs. 1 Nr. 1 SGB VI).

51 In der **Rentenversicherung** gelten die Zeiten für die Erziehung eines Kindes als rentenbegründende und -steigernde Beitragszeiten (§ 56 Abs. 1 SGB VI).

BErzGG § 15

Für Geburten **bis zum 31.12.1991** wird für jedes Kind jedoch nur eine Kindererziehungszeit von maximal **zwölf Kalendermonaten** angerechnet. Auch bei gleichzeitiger Erziehung mehrerer Kinder werden nur zwölf Kalendermonate angerechnet. **52**

Für Kinder, die **ab dem 1.1.1992** geboren wurden, werden aufgrund des Rentenreformgesetzes 1992 deren ersten **drei Lebensjahre** als Kindererziehungs-/Beitragszeit berücksichtigt. Sie beginnt nach Ablauf des Monats der Geburt und endet nach 36 Kalendermonaten. **53**

Beispiel:
Geburt des Kindes am 25.2.2001. Die Kindererziehungszeit beginnt am 1.3.2001 und endet am 29.2.2004.

Bei Erziehung mehrerer Kinder verlängert sich die gesamte Kindererziehungszeit um die sich überschneidenden Zeiträume (§ 56 Abs. 5 SGB VI). **54**

Beispiel:
Am 21.2.2001 werden Zwillinge geboren. Die Kindererziehungszeit beginnt am 1.3.2001 und wird um die Kalendermonate der gleichzeitigen Erziehung, d.h. 36 Monate, verlängert und endet somit erst am 28.2.2007.

Kindererziehungszeiten können bei leiblichen Eltern des Kindes berücksichtigt werden sowie bei diesen gleichgestellten Adoptiv-, Stief- und Pflegeeltern. Jedoch nur ein Elternteil, entweder die Mutter oder der Vater, erhält die Kindererziehungszeit. Es ist allerdings grundsätzlich erforderlich, dass die Eltern ihr Kind im Inland erzogen haben. Zeiten im Ausland können nur in Ausnahmefällen berücksichtigt werden. Personenkreisen, die anderen Sicherungssystemen angehören (z.B. **Beamte**), werden keine Erziehungszeiten nach den Vorschriften der Rentenversicherung angerechnet. **Vor 1921** geborene Personen erhalten Leistungen für Kindererziehung nach den §§ 294ff. SGB VI. **55**

Bei **gemeinsamer Erziehung** des Kindes durch die Eltern wird die Erziehungszeit **grundsätzlich der Mutter** angerechnet. Es besteht jedoch ein **Wahlrecht**, wem die Kindererziehungszeiten zugeordnet werden sollen. Sollten sie also nicht bei der Mutter, sondern beim Vater angerechnet werden, müssen die Eltern hierüber eine übereinstimmende Erklärung abgeben. **56**

Die Eltern können die Kindererziehungszeiten auch unter sich **aufteilen** (§ 56 Abs. 2 SGB VI). Dabei ist nicht von Bedeutung, welcher Elternteil das Kind überwiegend erzogen hat. Es ist eine übereinstimmende Erklärung der Eltern gegenüber dem zuständigen Rentenversicherungsträger abzugeben. Diese wirkt grundsätzlich nur für die Zukunft. Eine rückwirkende Erklärung wird nur bis zu zwei Kalendermonaten berücksichtigt. Die Aufteilung kann auch mehrfach wechseln. **57**

Bisher wurde denjenigen, die während der Erziehungszeit nicht versicherungspflichtig beschäftigt waren, z.B. die Elternzeit in Anspruch genommen haben, diese Zeit für die Rente **mit 75% des Durchschnittsverdienstes** **58**

§ 15 BErzGG

aller Versicherten bewertet. Durch das Rentenreformgesetz 1999 wurde die **Bewertung** für bestehende und neue Renten in drei Stufen des Durchschnittsentgelts wie folgt **angehoben:**

- ab 1.7.1998: auf 85 Prozent
- ab 1.7.1999: auf 90 Prozent
- ab 1.7.2000: auf 100 Prozent.

59 Die Anrechnung von 100 Prozent bedeutet eine monatliche Rentenerhöhung pro Kind und Erziehungsjahr um ca. 47,50 DM (neue Bundesländer ca. 40,60 DM; s.a. Ebener, S. 174).

60 Des Weiteren werden seit dem 1.7.1998 Kindererziehungszeiten beim zeitlichen Zusammentreffen mit anderen Beitragszeiten bei Neu- und Altrenten bis zur Beitragsbemessungsgrenze zusätzlich berücksichtigt.

61 Das Rentenreformgesetz 1992 hat ferner **Kinderberücksichtigungszeiten** bis zum zehnten Lebensjahr des Kindes eingeführt (§ 57 SGB VI). Sie sind auch für Erziehungszeiten vor dem 1.1.1992 anzurechnen und entfalten Wirkung für diejenigen, die ab 1992 rentenberechtigt werden. Diese Berücksichtigungszeit wirkt sich nur im Rahmen sonstiger rentenrechtlicher Regelungen aus. Sie ist bedeutsam für die Erfüllung der Wartezeit von 35 Jahren, für die Aufrechterhaltung des Invaliditätsschutzes, für die Rente nach Mindesteinkommen und für die Bewertung von Anrechnungszeiten (s.a. Zmarzlik/Zipperer/Viethen, § 15 Rn. 70 sowie näher Meisel/Sowka, § 15 Rn. 40b).

62 Damit die Sicherung des Erziehenden bei Arbeitslosigkeit nicht beeinträchtigt wird, wurden in der **Arbeitslosenversicherung bisher** Zeiten des Bezuges von Erziehungsgeld den beitragspflichtigen Beschäftigungszeiten gleichgestellt.

63 Seit dem **1.1.1998** werden nur noch die Zeiten berücksichtigt, für die Beiträge zur Arbeitslosenversicherung entrichtet werden. Für Arbeitnehmer in Elternzeit, die nach Beendigung der Elternzeit arbeitslos werden, **besteht aber grundsätzlich der Schutz der Arbeitslosenversicherung.** Nach §§ 123f. SGB III muss in einer Rahmenfrist von drei Jahren vor Beginn der Arbeitslosigkeit mindestens zwölf Monate ein Versicherungspflichtverhältnis (15 Std./Woche bzw. über 630 DM monatlich) bestanden haben. Nicht eingerechnet in diese Rahmenfrist werden jedoch Zeiten der Betreuung und Erziehung eines Kindes des Arbeitslosen, das das dritte Lebensjahr noch nicht vollendet hat (§ 124 Abs. 3 Nr. 2 SGB III). Damit verlängert sich die Rahmenfrist regelmäßig um die um die Dauer der Elternzeit. Zu berücksichtigen sind des Weiteren auch Betreuungs- und Erziehungszeiten für mehrere Kinder (wenn vielleicht auch nur teilweise wegen evtl. Überschneidungen), jedoch längstens, bis diese das dritte Lebensjahr vollendet haben. Eine Anpassung wegen der »Übertragung« von Elternzeit (bis zu zwölf Monaten) bis zur Vollendung des achten Lebensjahres des Kindes steht noch aus.

Zeiten des Bezuges von Erziehungsgeld werden bei der Berechnung der **64**
Dauer des Arbeitslosengeldanspruchs, die nach der Dauer der vergangenen
beitragspflichtigen Versicherungsverhältnisse gestaffelt sind, **nicht** (mehr)
berücksichtigt. Zeiten eines beitragspflichtigen Versicherungsverhältnisses
vor dem 1.1.1998 tragen aufgrund der Übergangsregelung (§ 427 Abs. 3
SGB III) jedoch noch zur Begründung eines Anspruchs und zur Verlängerung der Anspruchsdauer bei.

Grundlage für die Berechnung des Arbeitslosengeldes ist gem. § 130 Abs. 1 **65**
SGB III das Bruttoarbeitsentgelt der letzten **52 abgerechneten versicherungspflichtigen Beschäftigungswochen vor Beginn der Arbeitslosigkeit.** Bei Eintritt
der Arbeitslosigkeit im Anschluss an die Elternzeit ist dies regelmäßig das
Bruttoarbeitsentgelt, das vor der Freistellung für die Elternzeit und ggf. vor
Eintritt der Mutterschaftsfrist verdient wurde. Eine Ausnahme besteht
für die Fälle, in denen eine zulässige arbeitslosenversicherungspflichtige
Teilzeitarbeit (mindestens 15, maximal 30 Stunden pro Woche) ausgeübt
wurde. Hier ist dann das Entgelt aus der Teilzeittätigkeit zugrunde zu legen.
Grundsätzlich bleiben bei der Ermittlung des 52-wöchigen Bemessungszeitraums aber Zeiten außer Betracht (§ 131 Abs. 2 SGB III), in denen

– der Arbeitslose **Erziehungsgeld bezogen** oder nur wegen Berücksichtigung von Einkommen nicht bezogen hat, soweit **wegen der Betreuung oder Erziehung eines Kindes das Arbeitsentgelt oder die durchschnittliche regelmäßige wöchentliche Arbeitszeit gemindert war** oder

– die regelmäßige **Wochenarbeitszeit** aufgrund einer **Teilzeitvereinbarung** nicht nur vorübergehend auf weniger als 80 Prozent der durchschnittlichen regelmäßigen Arbeitszeit einer vergleichbaren Vollzeitbeschäftigung, mindestens um fünf Stunden wöchentlich, **vermindert** war, wenn der Arbeitslose Beschäftigungen mit einer höheren Arbeitszeit innerhalb der letzten dreieinhalb Jahre vor der Entstehung des Anspruchs während eines sechs Monate umfassenden Zeitraums ausgeübt hat.

Die Arbeitnehmerin möchte **nach Beendigung** der Elternzeit in Teilzeit- **66**
arbeit tätig sein, die der bisherige Arbeitgeber aus betrieblichen Gründen
gemäß TzBfG ablehnt. Wird das Arbeitsverhältnis daraufhin einvernehmlich oder durch Kündigung der Arbeitnehmerin beendet, ist die Verhängung einer **Sperrzeit** i.d.R. nicht gerechtfertigt. Die Betreuung des Kindes
ist als »wichtiger Grund« für die Beendigung des Arbeitsverhältnisses
i.S.d. § 144 Abs. 1 SGB III anzusehen (Meisel/Sowka, § 15 Rn. 38). Die
Arbeitnehmerin muss jedoch bereit sein und es muss ihr möglich sein,
eine Beschäftigung von mindesten 15 Wochenstunden aufzunehmen. Das
Arbeitslosengeld berechnet sich auch nur nach der Wochenarbeitszeit, die
die Arbeitslose zur Verfügung steht (§ 133 Abs. 2 SGB III).

Während des Bezuges von Erziehungsgeld können seit dem 1.1.2001 **67**
Arbeitslosengeld, Arbeitslosenhilfe oder andere Entgeltersatzleistungen
bezogen werden, wenn der Bemessung dieser Leistungen ein Einkommen
für eine Tätigkeit von bis zu 30 Wochenstunden zugrunde liegt. Eine ge-

setzliche Regelung, die den Bezug der vorgenannten Leistungen während der Elternzeit **nach Ablauf des Erziehungsgeldes** ausschließt, besteht nicht (vgl. hierzu näher Meisel/Sowka, § 15 Rn. 38 sowie die Ausführung in § 2 Rn. 12, siehe aber auch § 2 Rn. 17).

§ 16
Inanspruchnahme *der Elternzeit*

(1) Arbeitnehmerinnen und Arbeitnehmer müssen die Elternzeit, wenn sie unmittelbar nach der Geburt des Kindes oder nach der Mutterschutzfrist (§ 15 Abs. 3 Satz 2) beginnen soll, spätestens sechs Wochen, sonst spätestens acht Wochen vor Beginn schriftlich vom Arbeitgeber verlangen und gleichzeitig erklären, für welche Zeiten innerhalb von zwei Jahren sie Elternzeit nehmen werden. Bei dringenden Gründen ist ausnahmsweise auch eine angemessene kürzere Frist möglich. Der Arbeitgeber soll die Elternzeit bescheinigen. Die von den Elternteilen allein oder gemeinsam genommene Elternzeit darf insgesamt auf bis zu vier Zeitabschnitte verteilt werden. Bei Zweifeln hat die Erziehungsgeldstelle auf Antrag des *Arbeitgebers* zu der Frage Stellung zu nehmen, ob die Voraussetzungen für *die Elternzeit* vorliegen. *Der Antrag des Arbeitgebers bedarf der Zustimmung des Arbeitnehmers, wenn die Erziehungsgeldstelle Einzelangaben über persönliche oder sachliche Verhältnisse des Arbeitnehmers benötigt. Die Erziehungsgeldstelle kann für ihre Stellungnahme vom Arbeitgeber und Arbeitnehmer* die Abgabe von Erklärungen und die Vorlage von Bescheinigungen verlangen. *Die Bundesregierung kann mit Zustimmung des Bundesrates allgemeine Verwaltungsvorschriften zur Durchführung der Sätze 5 bis 7 erlassen.*

(2) Können Arbeitnehmerinnen und Arbeitnehmer aus einem von *ihnen* nicht zu vertretenden Grund einen sich unmittelbar *an die Mutterschutzfrist des § 6 Abs. 1 des Mutterschutzgesetzes anschließende Elternzeit* nicht rechtzeitig verlangen, *können sie* dies innerhalb einer Woche nach Wegfall des Grundes nachholen.

(3) *Die Elternzeit* kann vorzeitig beendet oder im Rahmen des § 15 Abs. 2 verlängert werden, wenn der Arbeitgeber zustimmt. *Die vorzeitige Beendigung wegen der Geburt eines weiteren Kindes oder wegen eines besonderen Härtefalles (§ 1 Abs. 5) kann der Arbeitgeber nur innerhalb von vier Wochen aus dringenden betrieblichen Gründen schriftlich ablehnen. Die Arbeitnehmerin kann ihre Elternzeit nicht wegen der Mutterschutzfristen des § 3 Abs. 2 und § 6 Abs. 1 des Mutterschutzgesetzes vorzeitig beenden; dies gilt nicht während ihrer zulässigen Teilzeitarbeit.* Eine Verlängerung kann verlangt werden, wenn ein vorgesehener Wechsel in der Anspruchsberechtigung aus einem wichtigen Grund nicht erfolgen kann.

(4) Stirbt das Kind während *der Elternzeit*, endet *diese* spätestens drei Wochen nach dem Tod des Kindes.

(5) Eine Änderung in der Anspruchsberechtigung hat der Arbeitnehmer dem Arbeitgeber unverzüglich mitzuteilen.

Abs. 1 Satz 1 Hinsichtlich der **Fristen der Geltendmachung der Elternzeit** gegenüber dem Arbeitgeber wird differenziert. Elternzeit, die unmittelbar nach der Geburt des Kindes oder im Anschluss an die Mutterschutzfrist beginnen soll, ist spätestens sechs Wochen vor Beginn **schriftlich** vom Arbeitgeber zu **verlangen**. In den übrigen Fällen gilt eine Frist von acht Wochen. Der Arbeitgeber kann jedoch auf die Einhaltung der Frist verzichten und auch eine verspätete Mitteilung akzeptieren. Bei dringenden Gründen ist gemäß **Satz 2** ausnahmsweise eine kürzere Frist möglich. In der Gesetzesbegründung wird hierfür der Fall einer Adoptionspflege genannt (BT-Drs. 14/3553, S. 22). Denkbar ist aber auch, dass dieses ebenfalls gelten könnte, wenn die Betreuungsperson ernsthaft erkrankt (Reinecke, FA 2001, 10). Der Anspruch entsteht nicht automatisch, also **nicht kraft Gesetzes** (BAG v. 22.6.1988 und v. 10.5.1989, AP Nr. 1 und 2 zu § 15 BErzGG). 1

Mit der **Geltendmachung** müssen die Eltern **verbindlich festlegen**, für welche Zeiten innerhalb von zwei Jahren Elternzeit genommen wird. An diese Erklärung sind die Eltern grundsätzlich gebunden. Fehlt diese Erklärung, liegt kein wirksames Verlangen nach Elternzeit vor (BAG v. 17.2.1994, NZA 1994, 65). Dies dient dem Dispositonsinteresse des Arbeitgebers und ermöglicht somit eine rechtzeitige Personalplanung und ggf. die Einstellung einer Ersatzkraft. Eine Mitteilung, dass die Elternzeit nach Beendigung der Arbeitsunfähigkeit beginnen soll, genügt nicht den Anforderungen (BAG v. 17.10.1990, NZA 1991, 320). 2

Fraglich ist, wann die **Festlegung** des Zweijahreszeitraums beginnt. Dieses dürfte der Beginn der Elternzeit bzw. des ersten Elternzeitabschnitts (»innerhalb von zwei Jahren«) sein (Sowka, NZA 2000, 1186). Hat also ein Arbeitnehmer Elternzeit bis zur Vollendung des zweiten Lebensjahres des Kindes geltend gemacht, kann er später erneut Elternzeit verlangen, um den maximalen Anspruchszeitraum (regelmäßig bis zur Vollendung des dritten Lebensjahres des Kindes) weiter oder in vollem Umfang auszuschöpfen. Die Zustimmung des Arbeitgebers ist nicht erforderlich, da es sich nicht um eine Verlängerung innerhalb des Zweijahreszeitraumes (§ 15 Abs. 1) und nicht über das dritte Lebensjahr des Kindes hinaus (§ 15 Abs. 2 Satz 1 2. Halbsatz) handelt (Sowka, NZA 2000, 1186). 3

Beispiel 1:
Christian K. hat Elternzeit für 18 Monate seit Geburt des Kindes geltend gemacht.
Er hat sich damit für die ersten zwei Jahre festgelegt und muss tatsächlich 18 Monate Elternzeit in Anspruch nehmen. Im Hinblick auf die zweijährige Bindungsfrist kann er nicht im unmittelbaren Anschluss weitere Elternzeit verlangen. Er kann jedoch für die Zeit vom zweiten bis dritten Lebensjahr des Kindes erneut Elternzeit geltend machen. Dafür muss er allerdings die Ankündigungsfrist von acht Wochen einhalten und ist dann erneut an diese Erklärung gebunden.

§ 16 BErzGG

Arbeitnehmer und Arbeitgeber sind aber frei eine Vereinbarung zu treffen, dass von dieser Regelung abgewichen und im Anschluss an die 18 Monate weiter Elternzeit genommen werden kann. Das kann auch für den Arbeitgeber sinnvoll sein. Eine eingearbeitete Kraft könnte u. U gleich weiter beschäftigt werden und erheblicher Planungs- und Verwaltungsaufwand entfallen.

Beispiel 2:
Anna R. macht Elternzeit bis zur Vollendung des dritten Lebensjahres des Kindes geltend.
Im Hinblick auf die zweijährige Bindungswirkung, liegt ein wirksames Elternzeitverlangen nur bis zur Vollendung des zweiten Lebensjahres des Kindes vor. Danach besteht Arbeitspflicht, es sei denn, sie verlangt acht Wochen vor Ablauf des Zweijahreszeitraums erneut Elternzeit (Gaul, BB 2000, 2466). Für den über zwei Jahre hinausgehenden Zeitraum ist sie jedoch nicht an die Erklärung gebunden. Hinsichtlich einer Ersatzeinstellung darf sich auch der Arbeitgeber nicht auf die Erklärung verlassen.

4 Auf die **Berechnung** der 6- bzw. 8-Wochen-Frist finden die §§ 187ff. BGB Anwendung. Zunächst ist also einmal der Ablauf der Schutzfrist zu ermitteln. Da der erste Tag der Elternzeit der Tag ist, von dem an zurückzurechnen ist, beginnt die 6- bzw. 8-Wochen-Frist mit dem Ablauf des Tages der letzten Woche, welcher dem Tag vorhergeht, der durch seine Benennung dem ersten Tag der Elternzeit entspricht. Ist also der Beginn eines Freitags der maßgebliche Endzeitpunkt, weil Freitag der erste Tag der Elternzeit ist, so endet die Frist »sechs bzw. acht Wochen davor« mit dem Ablauf des Donnerstags (vgl. Meisel/Sowka, § 16 Rn. 8 m.w.N).

Beispiel:
Der Sohn von Frau Adler wurde am Donnerstag, dem 22.2.2001 geboren. Die Mutterschutzfrist endet am Donnerstag, dem 19.4.2001. Im Anschluss daran, ab Freitag, dem 20.4.2001, möchte Frau Adler Elternzeit nehmen. Sie muss die Elternzeit spätestens am Donnerstag, dem 8.3.2001, von ihrem Arbeitgeber schriftlich verlangen.

Fällt der letzte Tag der Erklärungsfrist auf einen Samstag, Sonntag oder Feiertag, führt dies nicht zu einer Fristverlängerung bis zum nächsten Werktag; § 193 BGB gilt nicht (vgl. BAG v. 5.3.1970, AP Nr. 1 zu § 193 BGB).

5 Die Vorschrift regelt nur, wie lange vor **Antritt** Arbeitnehmerinnen und Arbeitnehmer die Elternzeit geltend machen müssen, **nicht von welchem Zeitpunkt ab** sie dies tun können. Daher ist denkbar – aber nicht sinnvoll –, dass die Elternzeit z.B. auch schon vor der Geburt des Kindes geltend gemacht werden kann. Es kann jedoch keine verbindliche Erklärung vom Arbeitnehmer, auch nicht unter dem Gesichtspunkt der arbeitsvertraglichen Treuepflicht, vor Beginn der sechs- bzw. achtwöchigen Erklärungsfrist dahingehend verlangt werden, dass sie/er die Elternzeit in Anspruch nehmen wird (s.a. Zmarzlik/Zipperer/Viethen, § 16 Rn. 6).

Der **Arbeitgeber kann** auch auf die Einhaltung der 6- bzw. 8-Wochen-Frist **6**
verzichten, da mit dieser Vorschrift nur sein Dispositionsinteresse geschützt werden soll.

Hat der Arbeitnehmer die ihm nach § 15 BErzGG zustehende Elternzeit **7**
fristgerecht verlangt, entsteht der Anspruch, ohne dass der Arbeitgeber
hierzu sein Einverständnis erklären oder zustimmen muss. Der Arbeitnehmer kann ohne Einvernehmen mit dem Arbeitgeber nicht in Abweichung
von seinen Erklärungen die Arbeit antreten oder die Elternzeit beenden.
Auch wenn der Arbeitnehmer vor Antritt der Elternzeit oder während der
bereits angetretenen Elternzeit (unter vollständiger Arbeitsbefreiung) erkrankt, ist seine Erklärung verbindlich. Ist die Arbeitsunfähigkeit vor Beginn der Elternzeit eingetreten, hat der Arbeitnehmer Anspruch auf Krankengeld; der Anspruch auf Erziehungsgeld ruht. Beginn und Lauf der
Elternzeit werden durch die Erkrankung nicht berührt (s.a. Zmarzlik/Zipperer/Viethen, § 16 Rn. 3; Meisel/Sowka, § 16 Rn. 5).

Satz 3 Der Arbeitgeber hat die Pflicht, die Elternzeit zu bescheinigen. **8**

Satz 4 Die **Aufteilung** der insgesamt höchstens dreijährigen Elternzeit ist **9**
für **insgesamt bis zu vier Zeitabschnitte** zulässig. Damit wurde dem Grundsatz gefolgt, dass nunmehr beide Elternteile zusammen oder jeweils nur ein
Elternteil die Elternzeit beantragen können. Ferner wurde mit dieser
Regelung der erhöhten Flexibilisierung der Elternzeit Rechnung getragen,
noch einen Zeitabschnitt von bis zu zwölf Monaten bis zur Vollendung des
achten Lebensjahres des Kindes nehmen zu können.

Beispiel 3:
Katrin und Bastian W. nehmen Elternzeit für ihr am 21.3.2001 geborenes
Kind wie folgt:
1. 17.5.2001 bis 20.3.2002 Katrin
2. 21.3.2002 bis 20.3.2003 Katrin und Bastian
3. restliche zwölf Monate später bis zur Vollendung
   des achten Lebensjahres Katrin

Hinweis:
Gefahr der Nichtzustimmung des Arbeitgebers für den letzten Zeitabschnitt, der erst acht Wochen vor Beginn beantragt werden muss.

Der Gesamtanspruch wurde auf insgesamt vier Zeitabschnitte aufgeteilt.
Unter Berücksichtigung der zweijährigen Bindungswirkung musste der Antrag von Katrin für die Zeit vom 17.5.2001 bis 20.3.2003 bis zum 5.4.2001
ihrem Arbeitgeber vorliegen, also zwei Wochen nach der Geburt des Kindes und sechs Wochen vor Inanspruchnahme der Elternzeit. Möchte der
Vater unmittelbar nach der Geburt des Kindes Elternzeit nehmen, muss
er das sechs Wochen vorher, also bis 6.2.2001 dem Arbeitgeber mitteilen
(Problem: Geburtstermin ist i.d.R. nur ein voraussichtlicher Termin). Bastian muss nach dem obigen Beispiel bei seinem Arbeitgeber die Elternzeit
bis zum 23.1.2002 beantragen, also acht Wochen vor Antritt der Elternzeit.

§ 16 BErzGG

Ein Antrag könnte wie folgt lauten:

a) für die Zeit im Anschluss an die Mutterschutzfrist oder unmittelbar nach der Geburt (aber beachte: zweiter Antrag wegen der Bindungswirkung nur bis zur Vollendung des zweiten Lebensjahres erforderlich, wenn voller Elternzeitanspruch bis zum dritten Lebensjahr genommen werden soll):

Sehr geehrte/r Frau/Herr ....,
hiermit zeige ich an, dass ich vom .... bis .... Elternzeit in Anspruch nehmen werde.

Mit freundlichen Grüßen

b) auch für die über das dritte Lebensjahr hinausgehende Zeit:

Sehr geehrte/r Frau/Herr ....,
hiermit zeige ich an, dass ich ab dem ...... Elternzeit in Anspruch nehme. Unser Kind wurde am .... geboren, und mein/e Partner/in ...... hat zz. noch bis zum .... Elternzeit.
Insgesamt haben wir uns die Elternzeit wie folgt aufgeteilt:
Zunächst mein/e Partner/in vom ...... bis ......,
dann wir beide vom ...... bis .....
Den letzten Zeitabschnitt von zwölf Monaten möchte ich nehmen, wenn unser Kind in die Schule kommt.
Ich bitte Sie um schriftliche Zustimmung.

Mit freundlichen Grüßen

10 In **Zweifelsfällen** hat der Arbeitgeber ein berechtigtes Interesse, auf Antrag **Auskunft von der Erziehungsgeldstelle** darüber zu erhalten, ob die Voraussetzungen für den Anspruch auf Elternzeit vorliegen. Hierzu ist die Zustimmung des Arbeitnehmers aus datenschutzrechtlichen Gründen erforderlich. Erteilt der Arbeitnehmer die Zustimmung nicht und bleibt der Arbeit fern, hat er in einem Verfahren vor dem Arbeitsgericht die Beweislast, dass die Anspruchsvoraussetzungen vorlagen. Die Erziehungsgeldstelle kann von den Beteiligten die Abgabe von Erklärungen und die Vorlage von Bescheinigungen verlangen.

11 Abs. 2 Hat der Arbeitnehmer die Erklärungsfrist von sechs Wochen aus einem von ihm **nicht zu vertretenden Grund** versäumt, kann er die Elternzeit noch innerhalb einer Woche nach Wegfall des Grundes verlangen. Voraussetzung ist, dass sich die Elternzeit unmittelbar an das Beschäftigungsverbot nach § 6 Abs. 1 MuSchG anschließen soll. Es reicht aus, dass der Arbeitnehmer die Fristversäumung weder vorsätzlich noch fahrlässig zu vertreten hat. Mit dieser Regelung soll Härtefällen Rechnung getragen werden. Eine Krankheit oder ein Krankenhausaufenthalt ist nur dann ein von ihm nicht zu vertretender Grund, wenn die Krankheit so schwer wiegend ist, dass er die Elternzeit auch durch Brief, Telefonat oder Beauftragung ei-

BErzGG § 16

nes Angehörigen nicht geltend machen kann. Nach dieser Bestimmung ist im Allgemeinen eine Korrektur der Versäumung der 6-Wochen-Frist nicht möglich, sondern die **Elternzeit verkürzt** sich dann um den Zeitraum der Versäumung.

Für den Fall, dass ganz kurzfristig die Adoption eines neugeborenen Kindes ermöglicht wird, dürfte es nicht vertretbar sein, den Arbeitnehmer auf die 6-Wochen-Frist zu verweisen (Meisel/Sowka, § 16 Rn. 16; a.A. BAG v. 17.2.1994, NZA 1991, 656). **12**

Abs. 3 Hat der Arbeitnehmer ordnungsgemäß Elternzeit verlangt, ist er grundsätzlich daran gebunden. Die **vorzeitige Beendigung der Elternzeit** (abgesehen von dem Sonderfall des Abs. 4: Tod des Kindes) bedarf der Zustimmung des Arbeitgebers. Damit soll dem Arbeitgeber die Möglichkeit offen bleiben, seine getroffenen Personalentscheidungen beizubehalten oder anzupassen. Mit der vorzeitigen Beendigung der Elternzeit leben die Rechte und Pflichten aus dem Arbeitsvertrag wie mit der normalen Beendigung der Elternzeit voll auf. **Anders** ist dies bei der vorzeitigen Beendigungsmöglichkeit wegen der Geburt eines weiteren Kindes oder eines besonderen Härtefalles (schwere Krankheit, Behinderung, Tod eines Elternteils bzw. erheblich gefährdete wirtschaftliche Existenz). Hier ist ein schriftlicher Antrag zu stellen und der Arbeitgeber kann die vorzeitige Beendigung nur innerhalb von vier Wochen aus dringenden betrieblichen Gründen ablehnen. Lehnt der Arbeitgeber ab, kann die Arbeitnehmerin die Arbeit nicht wieder aufnehmen. Sie ist vielmehr auf den Klageweg angewiesen. Im Gesetz ist nicht bestimmt, welche Anforderungen an die Ablehnung zu stellen sind und welche Folgen sich aus einer fehlenden oder nicht hinreichenden Begründung ergeben. Es ist daher das allgemeine Arbeitsvertragsrecht anzuwenden. In Betracht kommen z.B. Ansprüche des Arbeitnehmers aus Annahmeverzug (Reinecke, FA 2001, 10). Das Recht der Arbeitnehmerin, das Arbeitsverhältnis zu kündigen und die Elternzeit auf diese Weise zu beenden, bleibt ebenfalls unberührt. **13**

Beispiel:
Frau Gerold hat Elternzeit für zwei Jahre verlangt. Acht Wochen später wird Herr Gerold arbeitslos. Aus finanziellen Gründen möchte Frau Gerold nun wieder arbeiten. Da der Arbeitgeber der vorzeitigen Beendigung nicht zustimmt, bleibt Frau Gerold – die den Klageweg nicht beschreiten möchte – nur die Kündigung des Arbeitsverhältnisses.

Beachte:
Hat Frau Gerold kein neues Arbeitsverhältnis abschließen können und sich arbeitslos gemeldet, muss sie damit rechnen, Arbeitslosengeld erst nach einer Sperrfrist zu erhalten.

Wurde für die ersten beiden Lebensjahre des Kindes beispielsweise Elternzeit für 18 Monate verlangt, kann die Arbeitnehmerin wegen der zweijährigen Bindungsfrist (vgl. Rn. 3) eine **Verlängerung der Elternzeit** grundsätzlich über den zuvor festgelegten Zeitpunkt hinaus auch dann nicht verlan- **14** gen, wenn sie die Höchstdauer für die Inanspruchnahme noch nicht ausgeschöpft hat. Es kann allerdings eine entsprechende Vereinbarung mit dem Arbeitgeber getroffen werden.

15 Die Arbeitnehmerin kann ihre Elternzeit nicht wegen der bevorstehenden Geburt eines weiteren Kindes beenden. Denkbar wäre, dass sie damit z.B. die bezahlte Freistellung während der Mutterschutzfristen angestrebt. Dies wird als missbräuchliche Anwendung angesehen, was es zu verhindern gilt (BT-Drs. 14/3553, S. 23). Das gilt nicht, wenn die Arbeitnehmerin zuvor eine Teilzeittätigkeit während der Elternzeit ausübte. In diesem Fall ist sie während der Mutterschutzfristen bezahlt freizustellen.

16 Eine Verlängerung der Elternzeit innerhalb der Anspruchsberechtigung kommt davon abweichend in Betracht, wenn ein **vorgesehener Wechsel zwischen den Berechtigten aus einem wichtigen Grund nicht erfolgen kann**. Dies kann beispielsweise vorliegen, wenn derjenige Elternteil, der die Betreuung übernehmen soll, sich wegen längerer stationärer Behandlung im Krankenhaus befindet, unter längerer ansteckender Krankheit leidet, von seinem Arbeitgeber längere Zeit ins Ausland gesandt wird, eine mehrmonatige Haftstrafe zu verbüßen hat oder stirbt. Ein wichtiger Grund könnte auch vorliegen, wenn der für den Wechsel vorgesehene Elternteil sich von dem Ehepartner trennt und den Haushalt verlässt. In diesen Fällen bedarf es für die Verlängerung der Elternzeit nicht der Zustimmung des Arbeitgebers und auch nicht der Einhaltung der achtwöchigen Erklärungsfrist (s.a. Zmarzlik/Zipperer/Viethen, § 16 Rn. 12; Meisel/Sowka, § 16 Rn. 17ff.). Der wichtige Grund muss aber so schwer wiegend sein, dass die Erziehung und Betreuung des Kindes nicht mehr sichergestellt ist.

17 Abs. 4 **Stirbt das Kind** während der Elternzeit, endet die Elternzeit drei Wochen nach dem Tod des Kindes, spätestens mit Ablauf des Tages, an dem das Kind drei Jahre alt geworden wäre (bei Adoptiv- oder Adoptionspflegekindern nach Ablauf der Anspruchsdauer, spätestens an dem Tag, an dem das Kind acht Jahre alt geworden wäre). Mit dieser Regelung sollen sowohl Arbeitnehmer als auch Arbeitgeber Zeit haben, sich auf die neue Situation einzustellen.

18 Der Arbeitnehmer ist gemäß **Abs. 5** verpflichtet, dem Arbeitgeber unverzüglich Änderungen in der Anspruchsberechtigung mitzuteilen, so z.B. auch wenn ein vorgesehener Wechsel in der Anspruchsberechtigung aus einem wichtigen Grund nicht erfolgen kann.

§ 17
Urlaub

(1) Der Arbeitgeber kann den Erholungsurlaub, der dem Arbeitnehmer für das Urlaubsjahr aus dem Arbeitsverhältnis zusteht, für jeden vollen Kalendermonat, für den der Arbeitnehmer *Elternzeit* nimmt, um ein Zwölftel kürzen. Satz 1 gilt nicht, wenn der Arbeitnehmer während *der Elternzeit* bei seinem Arbeitgeber Teilzeitarbeit leistet.

(2) Hat der Arbeitnehmer den ihm zustehenden Urlaub vor dem Beginn *der Elternzeit* nicht oder nicht vollständig erhalten, so hat der Arbeitgeber den Resturlaub nach *der Elternzeit* im laufenden oder im nächsten Urlaubsjahr zu gewähren.

(3) Endet das Arbeitsverhältnis während *der Elternzeit* oder setzt der Arbeitnehmer im Anschluss an *die Elternzeit* das Arbeitsverhältnis nicht fort, so hat der Arbeitgeber den noch nicht gewährten Urlaub abzugelten.

(4) Hat der Arbeitnehmer vor dem Beginn *der Elternzeit* mehr Urlaub erhalten, als ihm nach Absatz 1 zusteht, so kann der Arbeitgeber den Urlaub, der dem Arbeitnehmer nach dem Ende *der Elternzeit* zusteht, um die zuviel gewährten Urlaubstage kürzen.

1 Mit der Gesetzesänderung zum 1.1.2001 wurde in der Überschrift der Begriff »Erholungsurlaub« durch den Begriff »Urlaub« ersetzt. Dadurch soll zum Ausdruck gebracht werden, dass auch solche Urlaubstage erfasst werden, die als Resturlaub über **die Elternzeit** hinaus übertragen werden, bei ihrer Inanspruchnahme aber nicht mehr der Erholung dienen (BT-Drs. 14/3553, S. 23).

2 **Abs. 1** Der Anspruch auf Erholungsurlaub setzt grundsätzlich das Bestehen eines Arbeitsverhältnisses voraus. Der **Zweck** dieser Vorschrift besteht nun zum einen darin, vorstehenden Grundsatz abzuändern. Während der Elternzeit, in dem das Arbeitsverhältnis ohne Arbeitsleistung fortbesteht, ist danach kein Anspruch auf Erholungsurlaub gegeben. **Andererseits** wird der **Zweck** verfolgt, dem Arbeitnehmer zustehenden, aber nicht gewährten Urlaub über die Elternzeit hinaus zu erhalten. Es kommt nicht darauf an, wann der Erholungsurlaub entstanden ist, sondern darauf, ob ein vor dem Beginn der Elternzeit noch zustehender Erholungsurlaub wegen der Inanspruchnahme von Elternzeit nicht mehr genommen werden konnte (LAG Düsseldorf v. 5.3.1996, LAGE § 17 BErzGG Nr. 2).

3 Nach der Vorschrift hat der Arbeitgeber lediglich die Möglichkeit (»kann«), den **Erholungsurlaub zu kürzen**. Die Kürzung tritt nicht kraft Gesetzes ein. Dem Arbeitgeber steht es also frei, den Erholungsurlaub voll zu gewähren oder ihn höchstens um die in § 17 bestimmten Zeit zu kürzen. Auch vertraglich kann er sich verpflichten, eine Kürzung nicht oder nur zu einem geringeren Teil als im Gesetz vorzunehmen. Durch Tarifvertrag oder Betriebsvereinbarung kann er hierzu allerdings auch verpflichtet werden. Die Kürzung muss ausdrücklich vom Arbeitgeber erklärt werden; auch durch stillschweigende Erklärung, etwa durch Erteilung des gekürzten Urlaubs, kann er von der Kürzungsmöglichkeit Gebrauch machen.

4 Unter **kürzbarem Urlaub** ist nicht nur der gesamte gesetzliche Erholungsurlaub jeder Art, nach dem Bundesurlaubsgesetz, dem Jugendarbeitsschutzgesetz und dem Schwerbehindertengesetz zu verstehen, sondern auch der Erholungsurlaub aufgrund eines Tarifvertrages, einer Betriebsvereinbarung oder eines Einzelarbeitsvertrages. Gekürzt werden kann der

§ 17 BErzGG

Erholungsurlaub für **jeden vollen Kalendermonat**, für den der Arbeitnehmer Elternzeit nimmt, um **ein Zwölftel**. Beginnt oder endet die Elternzeit im Laufe eines Monats, ist dieser Monat nicht zu berücksichtigen. Bei einer Elternzeit, die von Mitte Juli bis Mitte November dauert, ist damit eine Kürzung des Erholungsurlaubs nur für die Monate August, September und Oktober, also nur für drei Monate zulässig. Dies gilt auch dann, wenn die angebrochenen Monate zusammen einen vollen Monat ausmachen (vgl. Zmarzlik/Zipperer/Viethen, § 17 Rn. 14). Nicht voll in Anspruch genommene Monate, und sei es bis auf den letzten Tag des Monats, an dem wegen anderweitiger Verteilung der Arbeitszeit nicht gearbeitet worden wäre, oder wenn an dem vollen Monat nur ein arbeitsfreier Sonntag fehlt, bleiben unberücksichtigt (vgl. Zmarzlik/Zipperer/Viethen, § 17 Rn. 14 m.w.N.; a.A. Meisel/Sowka, § 17 Rn. 5ff.).

5 Vor der Kürzung ist zunächst der dem Arbeitnehmer zustehende Jahresurlaub zu ermitteln. Von der so ermittelten Dauer wird die Kürzung um ein Zwölftel für jeden vollen Kalendermonat vorgenommen. Ergeben sich durch die Kürzung **Bruchteile von Urlaubstagen**, die mindestens $^1/_2$ Tag ausmachen, so ist auf volle Urlaubstage aufzurunden.

6 Liegt die Elternzeit **nur in** *einem* Urlaubsjahr, ist für die Kürzung auf dieses Urlaubsjahr abzustellen.

Beispiel:
Es besteht ein Anspruch auf 30 Urlaubstage im Kalenderjahr. Elternzeit wird vom 15.2.2001 bis zum 14.8.2001 genommen, also für sechs volle Kalendermonate. Der Erholungsurlaub ist um $^5/_{12}$, nämlich für die Monate März bis Juli zu kürzen. Es besteht also für dieses Jahr noch ein Urlaubsanspruch von 18 Tagen (30 Tage minus 5 × 2,5).

7 Wird Elternzeit **über das Ende eines Urlaubsjahres hinaus** genommen, so ist die Kürzung für *jedes* Urlaubsjahr entsprechend vorzunehmen.

Beispiel:
Es besteht ein Anspruch auf 30 Urlaubstage im Kalenderjahr. Elternzeit wird vom 30.8.2001 bis zum 29.8.2003 genommen. Der Erholungsurlaub für 2001 kann um die Monate September bis Dezember, also um $^4/_{12}$ gekürzt werden. Im Jahre 2002 kann der Erholungsurlaub völlig gestrichen und für das Jahr 2003 für die Monate Januar bis Juli um $^7/_{12}$ gekürzt werden. Der Erholungsurlaub beträgt daher

für 2001:	30 minus 10 = 20 Arbeitstage;
für 2002 und 1999:	0 Arbeitstage;
für 2003:	30 minus 17,5 = 12,5, aufgerundet 13 Arbeitstage.

8 Der Arbeitgeber ist nicht verpflichtet, dem Arbeitnehmer vor Antritt der Elternzeit mitzuteilen, dass er den Erholungsurlaub anteilig kürzen will (vgl. BAG v. 28.7.1992, AP Nr. 3 zu § 17 BErzGG). Dies wird damit begründet, dass erst nach Abwicklung der Elternzeit endgültig feststeht, in welchem Umfang gekürzt werden konnte. Der Arbeitgeber darf nicht willkürlich bei einem Arbeitnehmer eine Kürzung vornehmen und bei anderen nicht; insoweit ist der allgemeine Gleichbehandlungsgrundsatz zu wahren (s. a. Zmarzlik/Zipperer/Viethen, § 17 Rn. 5; Meisel/Sowka, § 17 Rn. 21).

Der Erholungsurlaub kann jedoch nicht gekürzt werden, wenn der Arbeitnehmer während der Elternzeit **bei seinem Arbeitgeber Teilzeitarbeit** leistet. Arbeitet der Arbeitnehmer **bei einem anderen Arbeitgeber in Teilzeit**, kann der bisherige Arbeitgeber den Erholungsurlaub kürzen. Keine Kürzungsmöglichkeit hat jedoch der andere Arbeitgeber, bei dem die Teilzeitarbeit geleistet wird. Ein teilzeitbeschäftigter Arbeitnehmer hat im gleichen Umfang Anspruch auf Erholungsurlaub wie der vollzeitbeschäftigte Arbeitnehmer. Nach dem Bundesurlaubsgesetz beträgt der Urlaubsanspruch 24 Werktage (Montag bis Samstag). Arbeitet ein Teilzeitbeschäftigter nicht an allen betrieblichen Arbeitstagen, muss er sich die für ihn arbeitsfreien Werktage in dem Verhältnis auf den Urlaub anrechnen lassen, in dem seine tatsächlichen Beschäftigungstage zu den Werktagen stehen. 9

Beispiel:
Eine Bäckereiverkäuferin arbeitet an drei Tagen in der Woche, und zwar dienstags, donnerstags und freitags. Wie den Vollzeitbeschäftigten steht ihr Urlaub von mindestens 24 Werktagen zu, der im Verhältnis zu den tatsächlichen Beschäftigungstagen umgerechnet zwölf Urlaubstage beträgt:

$$\frac{24 \text{ Urlaubstage/Jahr} \times 3 \text{ Arbeitstage/Woche Teilzeit}}{6 \text{ Arbeitstage/Woche Vollzeit.}} = 12 \text{ Urlaubstage}$$

Die Kürzung des Erholungsurlaubs hat nicht nur eine Reduzierung der Freizeit, sondern **auch des Urlaubsentgelts** zur Folge. Für die Berechnung gilt § 11 BUrlG auch für Teilzeitbeschäftigte: Das Urlaubsentgelt bemisst sich für jeden Urlaubstag nach dem durchschnittlichen Arbeitsverdienst, den der Arbeitnehmer in den letzten 13 Wochen vor Beginn des Urlaubs erhalten hat. Ebenfalls kann die Kürzung auch zu einer entsprechenden Kürzung einer zusätzlichen Urlaubsvergütung, des **Urlaubsgeldes** führen. Zu prüfen ist, wovon der Anspruch auf die zusätzliche Urlaubsvergütung abhängt. Eine Kürzung kann erfolgen, wenn die zusätzliche Urlaubsvergütung vom Anspruch auf Urlaub und dem regelmäßigen Urlaubsentgelt abhängt (BAG v. 14. 8. 1996, AiB 1997, 485). Hat der Arbeitgeber jedoch in allgemeinen Arbeitsbedingungen die Zahlung von Urlaubsgeld ohne jede Einschränkung und unabhängig von der Urlaubsgewährung zugesagt, ist er nicht berechtigt, den Anspruch wegen der Inanspruchnahme von Elternzeit zu kürzen (BAG v. 18. 3. 1997, NZA 1997, 1168). Macht ein Tarifvertrag die Zahlung des zusätzlichen Urlaubsentgelts von der Dauer der Betriebszugehörigkeit abhängig, scheidet eine Kürzung aus, weil das Arbeitsverhältnis während der Elternzeit fortbesteht und nur die Hauptpflichten ruhen (Zmarzlik/Zipperer/Viethen, § 17 Rn. 13 mit Nachweis von Rechtsprechung). 10

§ 17 BErzGG

11 Abs. 2 Hat der Arbeitnehmer den ihm zustehenden Erholungsurlaub vor der Elternzeit nicht oder nicht vollständig erhalten, so ist ihm dieser **restliche Urlaub** nach der Elternzeit **im laufenden oder im nächsten Urlaubsjahr** zu gewähren. Nicht entscheidend ist, aus welchen Gründen der Urlaub nicht genommen wurde. Ein aus dem Vorjahr übergegangener und noch nicht genommener restlicher Urlaubsanspruch ist in dem Umfang auf die Zeit nach der Elternzeit zu übertragen, in dem der Arbeitnehmer ihn wegen der Elternzeit nicht genommen hat (BAG v. 1.10.1991, AP Nr. 2 zu § 17 BErzGG).

Beispiel:
Die Tochter von Frau Cera wurde am Montag, dem 29.1.2001 geboren. Die Schutzfrist endet am Montag, dem 26.3.2001. Aus dem Jahre 2000 hat Frau Cera noch einen Restanspruch von sieben Urlaubstagen. Im Anschluss an die Mutterschutzfrist, ab Dienstag, dem 27.3.2001 tritt sie Elternzeit bis zum 28.1.2004 an. Ohne die Elternzeit hätte Frau Cera bis zum 31.3.2001 noch einen Anspruch auf vier Arbeitstage Erholungsurlaub. Ihren vollen Anspruch von sieben Urlaubstagen könnte sie bis zum 31.3.2001 nicht mehr verwirklichen. Nach dem Ende der Elternzeit sind Frau Cera damit noch vier Urlaubstage aus dem Jahre 2000 zu gewähren.

12 Resturlaub ist jedoch nach Ende der Elternzeit, spätestens im folgenden Urlaubsjahr zu gewähren. Mit Ablauf des nächsten Urlaubsjahres verfällt der so übertragene Urlaub jedoch, wenn er wegen Inanspruchnahme einer zweiten Elternzeit nicht genommen werden konnte (BAG v. 23.4.1996, AP Nr. 6 zu § 17 BerzGG; v. 21.10.1997, AiB 1998, 350).

Beispiel:
Frau Wolter nahm nach Ablauf der Mutterschutzfrist ihres im Februar 1995 geborenen Kindes Erziehungsurlaub bis Februar 1998. Bei Beginn des Erziehungsurlaubs stand ihr noch Resturlaub aus dem Jahre 1995 zu. Nach Ende des Erziehungsurlaubs war sie erneut schwanger und nahm weiteren Erziehungsurlaub bis Februar 2001. Danach ist das Arbeitsverhältnis beendet worden.
Der Resturlaub ist zwar nach Geburt des ersten Kindes auf das Urlaubsjahr 1998 und das folgende Jahr 1999 übertragen worden. Danach ist der Resturlaubsanspruch verfallen. Elternzeit/Erziehungsurlaub aus Anlass der Geburt des weiteren Kindes bewirkt keine weitere Übertragung.

13 Mit der Vorschrift des Abs. 2 wird von der Regelung des BUrlG, wonach der gesetzliche Erholungsurlaub spätestens mit dem 31. März des dem Urlaubsjahr folgenden Jahres erlischt, abgewichen. Abs. 2 ist eine gesetzliche Sonderregelung gegenüber § 7 Abs. 3 BUrlG.

14 Für die **Berechnung des Urlaubsentgelts** von übertragenem Erholungsurlaubsanspruch ist nach § 11 BUrlG auf das Arbeitsentgelt der letzten 13 Wochen vor Antritt des Urlaubs abzustellen. Zwischenzeitlich eingetretene Verdiensterhöhungen oder Verdienstkürzungen wirken sich also auf das zu zahlende Urlaubsentgelt aus.

Abs. 3 Wird das Arbeitsverhältnis während der Elternzeit beendet oder im Anschluss an die Elternzeit nicht fortgesetzt, so ist der Urlaub **abzugelten.** Der entstehende Abgeltungsanspruch könnte jedoch hinsichtlich des tarifvertraglichen Anteils von einer Ausschlussfrist erfasst werden. Der Anteil des gesetzlichen Mindesturlaubs bleibt allerdings unberührt (BAG v. 23.4.1996, NZA 1997, 44). Ohne Bedeutung ist, ob die Beendigung der Elternzeit durch den Arbeitgeber oder Arbeitnehmer erfolgt. So kann es z.B. zu einer Beendigung während der Elternzeit oder mit deren Ende bei befristeten Arbeitsverhältnissen kommen, die auch ohne Kündigung während der Elternzeit enden. Auch kann die Beendigung aufgrund der von der Behörde nach § 18 Abs. 1 Satz 2 ausnahmsweise für zulässig erklärten Kündigung des Arbeitgebers eintreten, oder der Arbeitgeber kann das Arbeitsverhältnis durch die Kündigung zum Ende der Elternzeit nach § 19 beendet haben. **15**

In dem Umfang, in dem der Arbeitgeber den Erholungsurlaub kürzen kann, kann auch bei der Abgeltung eine Kürzung vorgenommen werden. Ergeben sich bei dem ermittelten Urlaubsanspruch Bruchteile von wenigstens einem halben Tag, ist der so aufgerundete Anspruch abzugelten. Bruchteile von weniger als halben Tagen können mangels entsprechender Vorschrift nicht abgerundet werden, sind aber in die Abgeltungsvergütung einzubeziehen (s.a. Zmarzlik/Zipperer/Viethen, § 17 Rn. 24 m.w.N.; a.A. Meisel/Sowka § 17 Rn. 30 m.w.N.). **16**

Abs. 4 Hat der Arbeitnehmer **vor Beginn der Elternzeit mehr Urlaub** erhalten, als ihm unter Berücksichtigung der Kürzungsmöglichkeit zusteht, kann der Arbeitgeber den Erholungsurlaub, der dem Arbeitnehmer im Anschluss an die Elternzeit zusteht, um die zuviel gewährten Urlaubstage kürzen. Ein zuviel gezahltes Urlaubsentgelt kann er jedoch nicht von einem ausscheidenden Arbeitnehmer zurückfordern (s.a. Zmarzlik/Zipperer/Viethen, § 17 Rn. 18; Meisel/Sowka, § 17 Rn. 32). **17**

§ 18
Kündigungsschutz

(1) Der Arbeitgeber darf das Arbeitsverhältnis ab dem Zeitpunkt, von dem an *Elternzeit* verlangt worden ist, höchstens jedoch *acht* Wochen vor Beginn *der Elternzeit*, und während *der Elternzeit* nicht kündigen. In besonderen Fällen kann ausnahmsweise eine Kündigung für zulässig erklärt werden. Die Zulässigkeitserklärung erfolgt durch die für den Arbeitsschutz zuständige oberste Landesbehörde oder die von ihr bestimmte Stelle. *Die Bundesregierung kann mit Zustimmung des Bundesrates allgemeine Verwaltungsvorschriften zur Durchführung des Satzes 2 erlassen.*

(2) Absatz 1 gilt entsprechend, wenn der Arbeitnehmer

1. während *der Elternzeit* bei seinem Arbeitgeber Teilzeitarbeit leistet oder

2. ohne *Elternzeit* in Anspruch zu nehmen, bei seinem Arbeitgeber Teilzeitarbeit leistet und Anspruch auf Erziehungsgeld hat oder nur deshalb nicht

§ 18 BErzGG

hat, weil das Einkommen (§ 6) die Einkommensgrenzen (§ 5 Abs. 2) übersteigt. Der Kündigungsschutz nach Nummer 2 besteht nicht, solange kein Anspruch auf *Elternzeit* nach § 15 besteht.

1 Der **Zweck des Kündigungsverbots** liegt darin, dem Arbeitnehmer die Furcht vor einer Kündigung zu nehmen und damit das Ziel des Gesetzes zu erreichen, die Betreuung des Kindes durch einen Elternteil in der ersten Lebensphase zu fördern sowie mehr Wahlfreiheit für die Entscheidung zwischen Tätigkeit in der Familie und außerhäuslicher Erwerbsarbeit zu schaffen (BT-Drs. 10/3792, S. 20).

2 Abs. 1 Der Arbeitgeber darf das Arbeitsverhältnis ab dem Zeitpunkt, von dem an **Elternzeit verlangt** worden ist, höchstens jedoch acht Wochen vor Beginn der Elternzeit und **während der Elternzeit** nicht kündigen.

3 Das Kündigungsverbot gilt **für alle Arbeitnehmerinnen und Arbeitnehmer** sowie die zu ihrer Berufsbildung oder die in Heimarbeit Beschäftigten und die ihnen Gleichgestellten, soweit sie Anspruch auf Elternzeit haben, die Elternzeit wirksam verlangt haben (höchstens jedoch acht Wochen vor Beginn der Elternzeit) oder die Elternzeit bereits angetreten haben oder bei ihrem Arbeitgeber zulässige Teilzeitarbeit leisten. Es **erfasst alle Kündigungen**, sowohl ordentliche wie auch außerordentliche Kündigungen des Arbeitgebers, die Änderungskündigungen, Kündigungen aufgrund eines Sozialplans sowie im Insolvenzverfahren und von Massenentlassungen nach § 17 KSchG oder auch Kündigungen bei Betriebsstilllegungen.

4 Die Kündigungsverbote nach § 9 Abs. 1 MuSchG und § 18 BErzGG bestehen nebeneinander. Bei Vorliegen von Mutterschaft und zusätzlich Elternzeit benötigt der Arbeitgeber für eine Kündigung die Zulässigkeitserklärung nach beiden Vorschriften (BAG v. 31.3.1993, DB 1993, 1783f.). Die Bedeutung liegt insbesondere darin, dass der persönliche Schutzbereich der beiden Vorschriften sich nicht deckt. § 9 MuSchG dient nur dem Schutz der Mutter (mit den in § 9 Abs. 1 Satz 2 MuSchG aufgeführten Ausnahmen), während das Kündigungsverbot des § 18 auch Väter erfasst. Das Kündigungsverbot besteht ebenfalls neben dem allgemeinen gesetzlichen Kündigungsschutz des Kündigungsschutzgesetzes oder neben einem etwaigen besonderen Kündigungsschutz z.B. für Schwerbehinderte oder Betriebsratsmitglieder. Das Arbeitsverhältnis kann auch weder bei Streik noch durch Aussperrung aufgelöst werden. Nach Beendigung des Arbeitskampfes besteht ein Anspruch auf Weiterbeschäftigung, ohne dass es einer besonderen Wiedereinstellung bedarf (Schaub, § 170 Rn. 43; BAG v. 21.4.1971, AP Nr. 43 zu Art. 9 GG Arbeitskampf).

5 Das Kündigungsverbot erstreckt sich nicht auf anderweitige Beendigungsgründe, wie z.B. Beendigung bei Befristungsende oder durch Aufhebungsvertrag.

6 Das **Kündigungsverbot besteht**, wenn der Arbeitnehmer die Elternzeit wirksam **geltend gemacht** (höchstens acht Wochen vor Beginn der Elternzeit) oder sie bereits **tatsächlich angetreten** hat.

BErzGG § 18

Beispiel 1:
Herr Gellert möchte ab 1.10.2001 zur Betreuung seiner im Jahre 2001 geborenen Tochter in Elternzeit gehen. Dies hat er seinem Arbeitgeber Ende Juli 2001 mitgeteilt. Der Arbeitgeber kündigt das Arbeitsverhältnis am 2.8.2001, also vor dem 6.8.2001, dem Beginn des 8-Wochen-Zeitraums. Es besteht kein Kündigungsverbot nach § 18 Abs. 1 BErzGG.

Beispiel 2:
Herr Iden teilt seinem Arbeitgeber am 5.4.2001 mit, dass er ab 1.6.2001 zur Betreuung seines im Jahre 2001 geborenen Kindes in Elternzeit gehen will. Am 9.4.2001 geht ihm eine Kündigung zu. Diese verstößt gegen das Kündigungsverbot des BErzGG.

Das Kündigungsverbot gilt **nicht für andere Freistellungen** (z.B. einer auf Tarifvertrag, Betriebsvereinbarung oder einzelvertraglicher Vereinbarung beruhenden Freistellung zur Betreuung eines Kindes) oder für eine von § 15 Abs. 1 abweichende Beurlaubung des Arbeitnehmers (z.B. unbezahlter Sonderurlaub nach § 50 BAT). **7**

Geht dem Arbeitnehmer eine Kündigung – bevor er die Elternzeit geltend gemacht hat – zu einem Termin zu, der in die geplante Elternzeit fallen würde, verstößt dies nicht gegen das Kündigungsverbot des § 18 BErzGG. Vor Geltendmachung der Elternzeit oder nach Ende der Elternzeit ist der Arbeitnehmer jedoch im Rahmen des § 612a BGB gegen Kündigungen geschützt. Es könnte ein Verstoß gegen das Benachteiligungsverbot des § 612a BGB vorliegen, wenn der Arbeitgeber wegen der rechtmäßigen Inanspruchnahme der Elternzeit nach Ende der Elternzeit kündigt oder bei einer betriebsbedingten Kündigung nach § 1 Abs. 2 KSchG die Elternzeit im Rahmen der Sozialauswahl zuungunsten des Arbeitnehmers berücksichtigt. Die Kündigung wäre wegen Verstoßes gegen ein gesetzliches Verbot nach § 134 BGB nichtig (vgl. Zmarzlik/Zipperer/Viethen, § 18 Rn. 15; Meisel/Sowka, § 18 Rn. 13). Wegen der größeren Sachnähe trifft im Streitfall den Arbeitgeber die Beweislast (vgl. Zmarzlik/Zipperer/Viethen, § 18 Rn. 19; a.A.: Meisel/Sowka, § 18 Rn. 13). **8**

Wird die **Elternzeit in mehreren Abschnitten** genommen, besteht zwischen den einzelnen Abschnitten nicht der Sonderkündigungsschutz, sondern nur acht Wochen vor der erstmaligen Inanspruchnahme (s.a. Meisel/Sowka, § 18 Rn. 2). Aber auch hier kann bei einer Kündigung ein Verstoß gegen das Benachteiligungsverbot des § 612a BGB vorliegen. **9**

Der Kündigungsschutz gilt auch für Arbeitnehmer, die während der Elternzeit in einem zweiten Arbeitsverhältnis **bei einem anderen Arbeitgeber** in Teilzeit arbeiten und den Rest der beim früheren Arbeitgeber noch nicht vollständig genommenen Elternzeit gemäß § 15 und § 16 geltend gemacht haben (BAG v. 11.3.1999, AiB 1999, 715). Der Kündigungsschutz bei dem bisherigen Arbeitgeber bleibt dann nicht bestehen. Hat der Arbeitnehmer eine Teilzeittätigkeit ohne Zustimmung des bisherigen Arbeitgebers aufgenommen, liegt ein Verstoß gegen arbeitsvertragliche Pflichten des Arbeit- **10**

§ 18 BErzGG

nehmers vor. Der Kündigungsschutz bleibt dann zwar bestehen, es könnte jedoch eine Zulassung der Kündigung durch die zuständige Behörde gerechtfertigt sein (vgl. Zmarzlik/Zipperer/Viethen, § 18 Rn. 23; Meisel/Sowka, § 18 Rn. 17).

11 **Abs. 2 Nr. 1** Leistet der Arbeitnehmer während der Elternzeit **bei seinem Arbeitgeber Teilzeitarbeit**, gilt das Kündigungsverbot des § 18. Es muss sich allerdings um eine Teilzeittätigkeit mit einer Arbeitszeit von 30 Wochenstunden oder weniger handeln (vgl. Zmarzlik/Zipperer/Viethen, § 18 BErzGG Rn. 9; Sowka, NZA 2000, 1185).

12 Während der Elternzeit ist das gesamte Arbeitsverhältnis, auch die bis zum Ende der Elternzeit vereinbarte zulässige Teilzeitarbeit gegen Kündigungen des Arbeitgebers geschützt (vgl. Zmarzlik/Zipperer/Viethen, § 18 Rn. 10 m.w.N.; Sowka, NZA 2000, 1185). Das Kündigungsverbot gilt auch dann, wenn für die Teilzeitarbeit eine andere Tätigkeit als bisher vereinbart wurde (z.B. ganztags beschäftigte Sachbearbeiterin arbeitet halbtags im Empfang).

13 **Abs. 2 Nr. 2** Das Kündigungsverbot gilt auch für **Teilzeitarbeitverhältnisse ohne Elternzeit**, wenn der Arbeitnehmer Anspruch auf Erziehungsgeld hat oder nur deshalb nicht hat, weil das Einkommen (§ 6) die Einkommensgrenze (§ 5 Abs. 2) übersteigt. Mit dieser Regelung werden die Arbeitnehmer einbezogen, die schon **vorher eine zulässige Teilzeitarbeit** von 30 Wochenstunden oder weniger ausgeübt haben und diese weiter ausüben wollen. Der Kündigungsschutz besteht aber nur für die Zeit, für die Anspruch auf Elternzeit nach § 15 *und* Anspruch auf Erziehungsgeld besteht. Unter den zum 1.1.2001 veränderten Rahmenbedingungen könnte diese bisher kaum wahrgenommene Regelung Bedeutung erlangen (s.a. Sowka, NZA 2000, 1185). Für Eltern, die das budgetierte Erziehungsgeld gewählt haben, besteht allerdings kein Kündigungsschutz über den 12. Lebensmonat des Kindes hinaus, es sei denn, sie nehmen Elternzeit in Anspruch.

14 Auch kann das Problem auftreten, dass der Arbeitgeber nichts von dem Kündigungsschutz des Arbeitnehmers weiß und vor einer Kündigung nicht die **Zustimmung der obersten Verwaltungsbehörde** eingeholt wurde. Um den Kündigungsschutz zu erhalten, muss der Teilzeitbeschäftigte – in analoger Anwendung des § 9 Abs. 1 Satz 1 MuSchG – den Arbeitgeber innerhalb von zwei Wochen nach Zugang der Kündigung über die Erziehungsgeldberechtigung unterrichten (s.a. Zmarzlik/Zipperer/Viethen, § 18 Rn. 11; Meisel/Sowka, § 18 Rn. 19).

15 Während der Elternzeit darf gegenüber dem Arbeitnehmer eine Kündigung nicht erklärt werden oder ihm zugehen. Ohne Bedeutung ist, zu welchem Zeitpunkt, z.B. nach Beendigung Elternzeit, die Kündigung wirksam werden soll.

Beispiel:
Die 32-jährige Frau Klenner ist einschließlich der Elternzeit etwas mehr als fünf Jahre in dem Betrieb beschäftigt und bis zum 25. Juli in Elternzeit.

BErzGG § 18

Am 29.6.2001 erhält sie die Kündigung ihres Arbeitsverhältnisses zum 31.8.2001.
Diese Kündigung wurde während der Elternzeit ausgesprochen und fällt somit unter das Kündigungsverbot des BErzGG. Frau Klenner könnte frühestens zum 30.9.2001 gekündigt werden. Es gilt die längere Kündigungsfrist von zwei Monaten zum Monatsende (§ 622 BGB). Wäre sie jünger oder noch keine zwei Jahre beschäftigt, könnte fristgerecht frühestens am 26. Juli oder auch noch bis 3.8.2001 zum 31.8.2001 gekündigt werden.

Das **Kündigungsverbot** des § 18 ist **zwingend**; es ist ein **gesetzliches Verbot** 16
i.S.d. § 134 BGB (Zmarzlik/Zipperer/Viethen, § 18 Rn. 12f.). Der Kündigungsschutz kann weder im Voraus vertraglich ausgeschlossen oder beschränkt werden noch kann der Arbeitnehmer vor Ausspruch der Kündigung auf ihn verzichten (Zmarzlik/Zipperer/Viethen, § 18 Rn. 13; Meisel/Sowka, § 18 Rn. 13).

Wird unter **Verstoß gegen das Kündigungsverbot** gekündigt, ist die Kündi- 17
gung unheilbar nichtig. Eine darauf gerichtete **Klage** des Arbeitnehmers ist an **keine Frist** gebunden; bei längerer Untätigkeit kann jedoch eine Verwirkung des Klagerechts eintreten.

Inwieweit dem Arbeitnehmer während der Elternzeit der bisherige **Arbeits-** 18
platz »garantiert« bleibt, richtet sich in erster Linie nach dem Inhalt des Arbeitsvertrages (vgl. Zmarzlik/Zipperer/Viethen, § 18 Rn. 15; Meisel/Sowka, § 15 Rn. 32a). Ist im Arbeitsvertrag die Tätigkeit nicht konkret geregelt, kann der Arbeitgeber im Rahmen seines Weisungsrechts dem Arbeitnehmer eine vergleichbare Tätigkeit zuweisen, z.B. jede Tätigkeit, die den Merkmalen der tariflichen Vergütungsgruppe und seinen Kräften und Fähigkeiten entspricht. Nicht zulässig ist die Versetzung auf einen geringwertigeren Arbeitsplatz, auch wenn die bisherige Vergütung weitergezahlt werden soll (vgl. Zmarzlik/Zipperer/Viethen, § 18 Rn. 15). Grundsätzlich nicht erfasst vom Weisungsrecht ist eine Übertragung anderer Aufgaben, wenn im Arbeitsvertrag die Tätigkeit und Arbeitsstelle genau beschrieben sind (z.B. Buchhalterin in einer bestimmten Abteilung und Niederlassung). Eine Änderungskündigung ist wegen des Kündigungsverbots ausgeschlossen.

In besonderen Fällen kann der Arbeitgeber durch eine **Zulässigkeitserklä-** 19
rung (Abs. 1 Satz 2, 3) der für den Arbeitsschutz zuständigen obersten Landesbehörde oder der von ihr bestimmten Stelle vom Kündigungsverbot befreit werden. Diese besonderen Fälle können vorliegen, wenn es gerechtfertigt erscheint, dass das vom Gesetz als vorrangig angesehene Interesse des Arbeitnehmers am Fortbestand des Arbeitsverhältnisses wegen außergewöhnlicher Umstände hinter die Interessen des Arbeitgebers zurücktritt. Nähere Einzelheiten, in welchen Fällen die Behörde einer Kündigung zustimmen soll, hat der Bundesminister für Arbeit und Sozialordnung in den **Allgemeinen Verwaltungsvorschriften zum Kündigungsschutz bei Erziehungsurlaub** vom 2.1.1986 geregelt (vgl. Anhang Seite 102ff.).

§ 18 BErzGG

Die Zustimmung soll in folgenden Fällen erteilt werden können:
- Stilllegung oder Verlagerung eines Betriebes oder einer Betriebsabteilung, wenn der Arbeitnehmer nicht in einem anderen Betrieb/einer anderen Betriebsabteilung des Unternehmens oder an dem neuen Sitz des Betriebes/der Betriebsabteilung weiterbeschäftigt werden kann;
- Ablehnung des Arbeitnehmers (z.B. Verlagerung eines Betriebes oder einer Betriebsabteilung, Stilllegung einer Betriebsabteilung), eine angebotene zumutbare Weiterbeschäftigung auf einem anderen Arbeitsplatz anzunehmen;
- Gefährdung der wirtschaftlichen Existenz des Arbeitgebers bei Aufrechterhaltung des Arbeitsplatzes;
- besonders schwere Verstöße des Arbeitnehmers gegen arbeitsvertragliche Pflichten oder vorsätzliche strafbare Handlungen, wenn diese dem Arbeitgeber die Aufrechterhaltung des Arbeitsplatzes unmöglich machen.

20 Mit der in Rn. 19 erwähnten Verwaltungsvorschrift soll eine gleichmäßige Anwendung des Gesetzes durch die Verwaltungsbehörden im gesamten Bundesgebiet im Interesse der Rechtssicherheit und Rechtsklarheit sichergestellt werden. Die Kompetenz zum Erlass von Verwaltungsvorschriften ist zwischenzeitlich auf den Bundesminister für Familie, Senioren, Frauen und Jugend übergegangen.

21 **Zuständige Behörden** für die Zulässigkeitserklärung der Kündigung sind in Baden-Württemberg, Bremen, Mecklenburg-Vorpommern, Niedersachsen, Saarland und Sachsen die örtlich zuständigen Gewerbeaufsichtsämter, in Berlin das Landesamt für Arbeitsschutz, Gesundheitsschutz und technische Sicherheit, in Hamburg, die Behörde für Arbeit, Gesundheit und Soziales – Amt für Arbeitsschutz –, in Brandenburg und in Thüringen jeweils das Amt für Arbeitsschutz, in Sachsen-Anhalt das Landesamt für Arbeitsschutz, in Schleswig-Holstein das Landesamt für Gesundheit und Arbeitssicherheit, in Hessen und Nordrhein-Westfalen der örtlich zuständige Regierungspräsident. In Bayern ist für die nordbayerischen Gewerbeaufsichtsamtsbezirke das Gewerbeaufsichtsamt Nürnberg und für die südbayerischen Gewerbeaufsichtsamtsbezirke das Gewerbeaufsichtsamt München-Land zuständig. In Rheinland-Pfalz ist das Landesamt für Umweltschutz und Gewerbeaufsicht, zuständig.

22 Anträge, die an eine unzuständige Behörde gerichtet werden, werden in der Regel an die zuständige Stelle weitergeleitet.

23 Erst nach **Zulassung der Kündigung** durch die zuständige Behörde kann der Arbeitgeber rechtswirksam kündigen. Eine ohne Zulässigkeitserklärung ausgesprochene Kündigung ist unheilbar nichtig. Der Arbeitgeber kann eine Zurückweisung des Antrags auf Zulässigkeitserklärung und der Arbeitnehmer eine Erteilung der Genehmigung zur Kündigung im **Verwaltungsrechtsweg** anfechten. Das **Verwaltungsgericht** prüft die Entscheidung der Behörde auf richtige Rechtsanwendung, insbesondere auf Ermessensfehler.

Vor dem Ausspruch der Kündigung ist der **Betriebs- bzw. Personalrat** 24 zu hören (§ 102 BetrVG, § 79 BPersVG). Eine ohne Anhörung ausgesprochene Kündigung ist unwirksam. Hat der Arbeitgeber einer unter den Sonderkündigungsschutz fallenden Arbeitnehmerin nach Anhörung gekündigt, obwohl die erforderliche behördliche Genehmigung noch nicht vorlag, ist für die weitere Kündigung nach Eingang der behördlichen Zustimmung die neuerliche Anhörung des Betriebsrats erforderlich (Zmarzlik/Zipperer/Viethen, § 18 Rn. 28). Die Mitwirkungsrechte des Betriebs- bzw. Personalrats haben ergänzende Funktion, da eine Kündigung des Arbeitsverhältnisses durch den Arbeitgeber ab Verlangen und während der Elternzeit ohne Zustimmung der zuständigen Landesbehörde ohnehin unwirksam ist.

Eine **wesentliche Aufgabe des Betriebs- bzw. Personalrats** besteht aber darin, 25 sich dafür einzusetzen, dass die aus der Elternzeit zurückkehrenden Arbeitnehmerinnen und Arbeitnehmer ihren alten Arbeitsplatz erhalten. Auch wenn der Arbeitgeber individualrechtlich einseitig einen anderen Arbeitsplatz zuweisen kann, besteht unabhängig davon das Mitbestimmungsrecht des Betriebsrats nach § 99 BetrVG bzw. des Personalrats nach § 75 Abs. 1 BPersVG. Bei der Lage der Arbeitszeit und den Anforderungen an die Rückkehrer aus der Elternzeit muss der Arbeitgeber für eine Übergangszeit Rücksicht nehmen. Verspätungen und Schlechtleistungen sind in dieser Übergangszeit nicht geeignet, eine fristlose oder auch ordentliche Kündigung zu rechtfertigen (LAG Nürnberg v. 8.3.1999, Streit 2000, 85). Hierauf sollte der Betriebsrat/Personalrat bei der Anhörung hinweisen und seine Bedenken zum Ausdruck bringen.

§ 19
Kündigung zum Ende *der Elternzeit*

Der Arbeitnehmer kann das Arbeitsverhältnis zum Ende *der Elternzeit* nur unter Einhaltung einer Kündigungsfrist von drei Monaten kündigen.

Der **Zweck** dieser Regelung besteht darin, dem erziehungsberechtigten 1 Arbeitnehmer ein **Sonderkündigungsrecht zum Ende der Elternzeit** einzuräumen. Unabhängig davon kann der Arbeitnehmer das Arbeitsverhältnis unter Einhaltung der gesetzlichen, tarif- oder arbeitsvertraglichen Kündigungsfrist **zu einem anderen Zeitpunkt** während oder nach Ende der Elternzeit jederzeit kündigen.

Nur Arbeitnehmern, die Elternzeit nach den §§ 15, 16 rechtswirksam in 2 Anspruch nehmen, steht das Sonderkündigungsrecht zu. **Teilzeitbeschäftigte Arbeitnehmer** mit einer Wochenarbeitszeit bis zu 30 Stunden und mit Anspruch auf Erziehungsgeld, die wegen ihrer Teilzeitarbeit aber keine Elternzeit in Anspruch genommen haben, steht das Sonderkündigungsrecht nicht zu.

§ 19 BErzGG

3 Der Arbeitnehmer muss für die Kündigung zum Ende der Elternzeit die **Kündigungsfrist von drei Monaten** einhalten.

Beispiel:
Die Tochter von Frau Iden wurde am 22.7.1998 geboren. Sie befindet sich im Erziehungsurlaub bis zum 21.7.2001. Will sie zum Ende des Erziehungsurlaubs kündigen, muss dem Arbeitgeber ihre Kündigung spätestens am 20.4.2001 zugehen.

4 Ist der letzte Tag, an dem die Kündigungserklärung dem Arbeitgeber zugehen muss, nämlich ein Samstag, Sonntag oder Feiertag, muss sie spätestens am letzten Werktag davor zugehen (BAG v. 5.3.1970, BAGE 22, 304; Zmarzlik/Zipperer/Viethen, § 19 Rn. 4). Der Elternzeitberechtigte Arbeitnehmer kann die Kündigung zum Ende der Elternzeit aber auch früher als drei Monate vorher aussprechen.

5 Wurde eine Elternzeit von kürzerer Dauer verlangt, ist die 3-Monats-Frist für das Sonderkündigungsrecht von diesem Beendigungszeitpunkt ab zurückzurechnen.

6 Zum Ende der Elternzeit kann weder mit einer längeren noch einer kürzeren gesetzlichen, tarif- oder arbeitsvertraglichen Kündigungsfrist gekündigt werden. Diese Fristen sind jedoch zu beachten, wenn die Kündigung zu einem früheren oder späteren Termin erklärt werden soll.

Beispiel:
Für das Arbeitsverhältnis von Frau Gellert gilt die gesetzliche Kündigungsfrist von vier Wochen zum 15. oder zum Ende eines Kalendermonats. Die Elternzeit von Frau Gellert endet am 20.9.2001. Sie möchte nach Ende der Elternzeit nicht wieder arbeiten, hat aber die besondere Kündigungsfrist von drei Monaten versäumt.
Nach der gesetzlichen Vorschrift, bleiben ihr noch mehrere Termine zu denen sie mit der 4-Wochen-Frist kündigen kann, und zwar zum 31.8.2001 oder zum 15.9.2001.

7 Festgeschrieben ist nur der spätestmögliche Zeitpunkt für eine Kündigung zum Ende der Elternzeit. Der Arbeitgeber kann nicht vom Arbeitnehmer verlangen, dass dieser frühzeitig erklärt, ob er das Arbeitsverhältnis nach Ende der Elternzeit fortsetzen will. Der Arbeitnehmer kann aber auch bereits zu einem früheren oder nach Beendigung der Elternzeit liegenden Zeitpunkt kündigen. Der Arbeitgeber kann sich jedoch auch mit einer nicht fristgerecht zum Ende der Elternzeit ausgesprochenen Kündigung einverstanden erklären (vgl. Zmarzlik/Zipperer/Viethen, § 19 Rn. 5).

8 Die Kündigung ist an keine Form gebunden; sie kann mündlich oder schriftlich erfolgen. Ist für andere tarifvertragliche oder vertragliche Kündigungen jedoch eine bestimmte Form (z.B. Schriftform) vereinbart, soll dieses auch für die Sonderkündigung nach § 19 gelten (Meisel/Sowka, § 19 Rn. 5). In Anlehnung an § 623 BGB – wonach die Kündigung eines Arbeitsverhältnisses stets schriftlich zu erfolgen hat – und aus Beweisgründen ist auch hier die Schriftform zu empfehlen.

Der Arbeitnehmer ist nicht verpflichtet, für die Kündigung einen Grund anzugeben. Das Sonderkündigungsrecht nach § 19 ist auch nicht an die Voraussetzung geknüpft, dass wegen der Betreuung des Kindes gekündigt wird. 9

§ 20
Zur Berufsbildung Beschäftigte; in Heimarbeit Beschäftigte

(1) Die zu ihrer Berufsbildung Beschäftigten gelten als Arbeitnehmer im Sinne dieses Gesetzes. Die Zeit *der Elternzeit* wird auf Berufsbildungszeiten nicht angerechnet.

(2) Anspruch auf *Elternzeit* haben auch die in Heimarbeit Beschäftigten und die ihnen Gleichgestellten (§ 1 Abs. 1 und 2 des Heimarbeitsgesetzes), soweit sie am Stück mitarbeiten. Für sie tritt an die Stelle des Arbeitgebers der Auftraggeber oder Zwischenmeister und an die Stelle des Arbeitsverhältnisses das Beschäftigungsverhältnis.

§ 20 stellt sicher, dass auch die zur Berufsbildung und die in Heimarbeit Beschäftigten und ihnen Gleichgestellten einen Anspruch auf Elternzeit haben. 1

Abs. 1 Satz 1 Mit dem **Begriff »zur Berufsbildung Beschäftigte«** werden alle Bildungsverhältnisse, die zu einer beruflichen Qualifikation führen, erfasst. Damit werden nicht nur Auszubildende i.S.d. § 3 BBiG, sondern auch Vertragsverhältnisse i.S.d. § 19 BBiG erfasst, nämlich Anlernlinge, Volontäre, Praktikanten sowie auch zur Fortbildung, Weiterbildung oder Umschulung Beschäftigte, ferner auch Lernschwestern, bei denen die praktische Unterweisung im Vordergrund steht. Praktika, die im Rahmen eines Fach- oder Hochschulstudiums vorgeschrieben sind, können als Berufsbildungsverhältnisse i.S.d. § 20 angesehen werden, wenn sie nicht unselbständiger Teil der Hochschulausbildung sind. Praktikantentätigkeit, bei der beispielsweise die Praxisbetreuung am Arbeitsplatz von der Hochschule wahrgenommen wird, ist derartig in das Hochschulstudium integriert, dass grundsätzlich nicht von einem Berufsbildungsverhältnis i.S.d. BBiG gesprochen werden kann. Vielfach wird die Frage, ob die Praktikantentätigkeit unselbständiger Teil der Ausbildung ist oder nicht, schwierig zu beantworten und der Einzelfall zu werten sein. 2

Eine **Teilzeitausbildung** ist während der Elternzeit möglich. Die Vorschriften über Teilzeitarbeit während der Elternzeit sind auf die zur Berufsausbildung Beschäftigten entsprechend anzuwenden. Es besteht jedoch kein Anspruch auf eine Teilzeitausbildung. Ausbildungsverhältnisse mit einer derart reduzierten Ausbildungszeit gibt es bisher nicht; werden jedoch vom Gesetzgeber als zukünftige Möglichkeit angesehen (BT-Drs. 10/3792, 3

§ 20 BErzGG

S. 21). Sie sind jedoch solange wenig praktisch wie es keine entsprechenden Ausbildungspläne für die Ausbildung in Teilzeit gibt (ebenso Zmarzlik/Zipperer/Viethen, § 20 Rn. 5).

4 Der zur Berufsausbildung Beschäftigte hat aber auch die Möglichkeit, die Ausbildung fortzusetzen. Er verliert auch dann nicht den Anspruch auf Erziehungsgeld, wenn die Zeit der Berufsbildung mehr als 30 Wochenstunden beträgt.

5 Nimmt der zur Berufsbildung Beschäftigte Elternzeit in Anspruch, wird diese Zeit nicht auf Berufsbildungszeiten angerechnet. Der **Berufsbildungsvertrag verlängert sich** um die Zeit der in Anspruch genommenen Elternzeit. Es soll mit dieser Vorschrift gewährleistet werden, dass die für eine qualifizierte berufliche Bildung erforderliche Zeit zur Verfügung steht. Eine Vereinbarung mit dem Ziel, die automatische Verlängerung der Berufsbildung auszuschließen, ist unzulässig.

6 Eine Abs. 1 Satz 2 entsprechende Regelung enthält § 57c Abs. 6 Nr. 1 HRG für die Nichtanrechnung von Beurlaubungen nach dem BErzGG im Einverständnis mit dem Mitarbeiter auf befristete Arbeitsverträge mit wissenschaftlichem Personal an Hochschulen und Forschungseinrichtungen.

7 **Verkürzungsmöglichkeiten** der Ausbildung nach dem BBiG werden mit dieser Vorschrift nicht ausgeschlossen. So kann gemäß § 29 Abs. 2 BBiG die Ausbildungszeit auf Antrag verkürzt werden, wenn zu erwarten ist, dass der Auszubildende das Ausbildungsziel in der gekürzten Zeit erreicht. Auch eine vorzeitige Zulassung zur Abschlussprüfung gemäß § 40 BBiG ist möglich (vgl. Zmarzlik/Zipperer/Viethen, § 20 Rn. 4; Meisel/Sowka, § 20 Rn. 6). Auf die zur Berufsbildung Beschäftigten finden die Vorschriften des BErzGG entsprechende Anwendung; an die Stelle des Arbeitgebers tritt die Ausbildungsstelle.

8 **Abs. 2** Die in Heimarbeit Beschäftigen und die ihnen Gleichgestellten haben ebenfalls Anspruch auf Elternzeit. Die Vorschrift des Abs. 2 Satz 2 hat den Zweck, die Vorschriften des BErzGG den **Besonderheiten des Heimarbeitsverhältnisses** anzupassen. In Heimarbeit Beschäftigte und die ihnen Gleichgestellten dürfen nach Ende der Elternzeit nicht gegen ihren Willen bei der Ausgabe von Heimarbeit ausgeschlossen werden. Ebenfalls dürfen die in Heimarbeit Beschäftigten, die zwar keine Elternzeit nehmen, aber während des Bezugs von Erziehungsgeld für ihren bisherigen Auftraggeber in nach § 2 zulässigem Umfang Heimarbeit leisten, nicht bei der Ausgabe von Heimarbeit ausgeschlossen werden (s.a. Zmarzlik/Zipperer/Viethen, § 20 Rn. 11).

9 Auf die in Heimarbeit Beschäftigten und die ihnen Gleichgestellten finden die Vorschriften des BErzGG entsprechende Anwendung; an die Stelle des Arbeitgebers tritt der Auftraggeber oder Zwischenmeister und an die Stelle des Arbeitsverhältnisses das Beschäftigungsverhältnis.

§ 21
Befristete Arbeitsverträge

(1) Ein sachlicher Grund, der die Befristung eines Arbeitsverhältnisses rechtfertigt, liegt vor, wenn ein Arbeitnehmer zur Vertretung eines anderen Arbeitnehmers für die Dauer eines Beschäftigungsverbotes nach dem Mutterschutzgesetz, *einer Elternzeit,* einer auf Tarifvertrag, Betriebsvereinbarung oder einzelvertraglicher Vereinbarung beruhenden Arbeitsfreistellung zur Betreuung eines Kindes oder für diese Zeiten zusammen oder für Teile davon eingestellt wird.

(2) Über die Dauer der Vertretung nach Absatz 1 hinaus ist die Befristung für notwendige Zeiten einer Einarbeitung zulässig.

(3) Die Dauer der Befristung des Arbeitsvertrages muss kalendermäßig bestimmt oder bestimmbar oder den in den Absätzen 1 und 2 genannten Zwecken zu entnehmen sein.

(4) Der Arbeitgeber kann den befristeten Arbeitsvertrag unter Einhaltung einer Frist von mindestens drei Wochen, jedoch frühestens zum Ende der Elternzeit, kündigen, wenn die Elternzeit ohne Zustimmung des Arbeitgebers vorzeitig endet und der Arbeitnehmer die vorzeitige Beendigung seiner Elternzeit mitgeteilt hat. Satz 1 gilt entsprechend, wenn der Arbeitgeber die vorzeitige Beendigung der Elternzeit in den Fällen des § 16 Abs. Satz 2 nicht ablehnen darf.

(5) Das Kündigungsschutzgesetz ist im Falle des Absatzes 4 nicht anzuwenden.

(6) Absatz 4 gilt nicht, soweit seine Anwendung vertraglich ausgeschlossen ist.

(7) Wird im Rahmen arbeitsrechtlicher Gesetze oder Verordnungen auf die Zahl der beschäftigten Arbeitnehmer abgestellt, so sind bei der Ermittlung dieser Zahl Arbeitnehmer, die sich in *der Elternzeit* befinden oder zur Betreuung eines Kindes freigestellt sind, nicht mitzuzählen, solange für sie auf Grund von Absatz 1 ein Vertreter eingestellt ist. Dies gilt nicht, wenn der Vertreter nicht mitzuzählen ist. Die Sätze 1 und 2 gelten entsprechend, wenn im Rahmen arbeitsrechtlicher Gesetze oder Verordnungen auf die Zahl der Arbeitsplätze abgestellt wird.

Abs. 1 Die Vorschrift hat zum **Ziel, befristete Einstellungen** von Arbeitnehmern für die Dauer der Beschäftigungsverbote nach dem MuSchG, der Elternzeit nach dem BErzGG oder einem auf Tarifvertrag, Betriebsvereinbarung oder Arbeitsvertrag beruhenden Elternurlaub sowie für Zeiten einer notwendigen Einarbeitung zu ermöglichen. Es handelt sich bei dieser Regelung um die gesetzliche Anerkennung eines Vertretungsfalles als sachlichen Grund für die Befristung (vgl. Zmarzlik/Zipperer/Viethen, § 21 Rn. 1 m.w.N.). Mit dieser Vorschrift soll jedoch **nicht bezweckt** werden, **unbefristete Arbeitsverträge** z.B. von Dauervertretungen für verschiedene

§ 21 BErzGG

Mutterschaftsfälle in Großbetrieben **durch befristete Arbeitsverträge zu ersetzen**. Dies wird in der Regel auch dem Interesse des Arbeitgebers entsprechen, qualifizierte und eingearbeitete Arbeitnehmer als so genannte Springer einsetzen zu können.

2 Das BAG hat Abs. 3 vor dem 1.10.1996 dahin ausgelegt, dass eine Zweckbefristung zur Vertretung bei Mutterschutz und Elternzeit nicht zulässig sei, vielmehr die Dauer der Befristung kalendermäßig bestimmt oder bestimmbar sein müsse (BAG v. 9.11.1994, NZA 1995, 575; AP Nr. 1 zu § 21 BErzGG). Kalendermäßig nicht bestimmbar ist die Befristungsdauer, wenn der Arbeitnehmer »bis zum Ende der Elternzeit« eingestellt werden soll. Dies ist seit dem 1.10.1996 jedoch als Zweckbefristung zulässig, so dass der Arbeitgeber zwischen Zeit- und Zweckbefristung wählen kann (Meisel/Sowka, § 21 Rn. 20; s.a. Rn. 18).

3 Die bisherige Rechtsprechung des BAG zu befristeten Arbeitsverträgen und das sich aus anderen, gesetzlichen Sonderregelungen über befristete Arbeitsverträge ergebende geltende Recht lässt § 21 allerdings unberührt.

4 Unabhängig vom Vorliegen der Voraussetzungen des § 21 kann die Befristung von Arbeitsverträgen z.B. auf folgende von der **Rechtsprechung** anerkannte Gründe gestützt werden:

– Erprobung des Arbeitnehmers (BAG v. 15.3.1978, AP Nr. 45 zu § 620 BGB Befristeter Arbeitsvertrag);

– vorübergehender Arbeitsanfall oder Saisonarbeit (BAG v. 29.1.1987, AP Nr. 108 zu § 620 BGB Befristeter Arbeitsvertrag);

– vorübergehende Aushilfe oder Vertretung (BAG v. 3.12.1986, AP Nr. 110 zu § 620 BGB Befristeter Arbeitsvertrag);

– bestimmte, überschaubare Arbeitsaufgabe (BAG v. 30.9.1981, AP Nr. 62 zu § 620 BGB Befristeter Arbeitsvertrag);

– Bindung der Stelle an Drittmittel bzw. ABM-Mittel (BAG v. 12.6.1987, AP Nr. 114 zu § 620 BGB Befristeter Arbeitsvertrag).

5 Befristete Arbeitsverträge dürfen jedoch nicht abgeschlossen werden, wenn damit gesetzliche Arbeitnehmerschutzvorschriften umgangen werden sollen, wie z.B. die des allgemeinen Kündigungsschutzes (§§ 1 ff. KSchG), Bestandsschutzregeln für Schwerbehinderte (§ 15 SchwbG) oder Schwangere (§ 9 MuSchG).

6 Neben § 21 können befristete Arbeitsverhältnisse ebenfalls auf folgende **gesetzliche Regelungen** gestützt werden:

– **Gesetz über Teilzeitarbeit und befristete Arbeitsverträge (Teilzeit- und Befristungsgesetz – TzBfG):** Nach § 14 des TzBfG bedarf die Befristung des Arbeitsverhältnisses grundsätzlich eines sachlich rechtfertigenden Grundes. Ohne Vorliegen eines sachlichen Grundes ist die Befristung nur bei einer Neueinstellung bis zur Dauer von zwei Jahren zulässig.

Innerhalb dieser Zeit ist zudem höchstens eine dreimalige Verlängerung eines befristeten Arbeitsvertrages zulässig. Für Arbeitnehmer ab dem 58. Lebensjahr gelten die vorgenannten Grenzen nicht.

- Nach den §§ 57a bis 57f des **Hochschulrahmengesetzes (HRG)** sowie dem **Gesetz über befristete Arbeitsverträge mit wissenschaftlichem Personal an Hochschulen und Forschungseinrichtungen** bedarf es für die Befristung von Arbeitsverträgen mit wissenschaftlichen und künstlerischen Mitarbeitern, mit ärztlichem Personal, Lektoren und wissenschaftlichen Hilfskräften an Hochschulen und Forschungseinrichtungen eines sachlichen Grundes.

- Das **Gesetz über befristete Arbeitsverträge mit Ärzten in der Weiterbildung** fordert ebenfalls das Vorliegen eines sachlichen Grundes und nennt als zulässig die Weiterbildung zum Gebietsarzt oder zum Zwecke des Erwerbs der Anerkennung für ein Teilgebiet oder eine Zusatzbezeichnung.

Damit wird die Befristung aufgrund anderer Vorschriften über befristete Arbeitsverträge durch § 21 nicht ausgeschlossen. Im Unterschied zum bisher geltenden Recht nach dem BeschFG ist der Anschluss einer erleichterten Befristung an eine Befristung mit sachlichem Grund bei demselben Arbeitgeber nach dem TzBfG nun ausgeschlossen. Befristungsketten, die durch einen mehrfachen Wechsel zwischen Befristungen mit und ohne Sachgrund entstehen, werden damit verhindert.

Beispiel:
Frau Klenner wird zunächst als Vertretung für Frau Abel, die für zwei Jahre Elternzeit verlangt hat, beschäftigt. Im unmittelbaren Anschluss hieran wird sie befristet für 18 Monate nach dem TzBfG weiterbeschäftigt.
Die zweite Befristung ist rechtsunwirksam. Die Folge gem. § 16 TzBfG ist das Zustandekommen eines Arbeitsvertrages auf unbestimmte Zeit.

Zur Klarstellung empfiehlt sich, im Arbeitsvertrag aufzunehmen, ob die Befristung aufgrund von § 21 oder eines anderen sachlichen Grundes erfolgt, da an die verschiedenen Befristungtatbestände unterschiedliche Rechtsfolgen geknüpft sind. So kann der Arbeitgeber sich beispielsweise auf das Sonderkündigungsrecht nach Abs. 4 nur dann stützen, wenn es sich um eine nach § 21 begründete Befristung handelt.

Nach § 9 Nr. 2 des **Arbeitnehmerüberlassungsgesetzes (AÜG)** ist § 21 auf Arbeitsverhältnisse mit Leiharbeitnehmern nicht anwendbar. Befristungen zwischen Verleiher und Leiharbeitnehmer sind nur dann wirksam, wenn sich für die Befristung aus der Person des Leiharbeitnehmers ein sachlicher Grund ergibt. Bei einer Befristungsregelung nach § 21 Abs. 1 handelt es sich jedoch um in der Person eines Dritten liegende sachliche Gründe. Ein Leiharbeitnehmer kann daher nicht in einem befristeten Arbeitsverhältnis zur Vertretung eines Arbeitnehmers während der Elternzeit nach § 21 oder für die Zeit der Beschäftigungsverbote eingestellt werden.

§ 21 BErzGG

10 **Tarifvertragliche günstigere Befristungsregelungen** sind mit § 21 nicht ausgeschlossen. Ist in Tarifverträgen z.B. geregelt, dass ein befristetes Arbeitsverhältnis zur Vertretung eines anderen Arbeitnehmers die Dauer von drei Monaten nicht überschreiten darf, kann der Arbeitgeber für die Dauer der Elternzeit nur einen Arbeitnehmer in einem unbefristeten Arbeitsverhältnis einstellen.

11 Nach Abs. 1 liegt ein sachlicher Grund für die Befristung eines Arbeitsvertrages vor, bei:
– Vertretung eines anderen Arbeitnehmers für Zeiten eines **Beschäftigungsverbotes** nach dem MuSchG. Dazu zählen die Zeiten der Schutzfristen vor und nach der Entbindung (§§ 3 Abs. 2, 6 Abs. 1 MuSchG) sowie die Beschäftigungsverbote nach §§ 3 Abs. 1, 4 MuSchG;
– Vertretung eines anderen Arbeitnehmers für die Dauer der von ihm verlangten **Elternzeit**.
– Vertretung eines anderen Arbeitnehmers für Zeiten einer **Arbeitsfreistellung zur Betreuung eines Kindes** aufgrund einer Regelung im Tarifvertrag, in einer Betriebsvereinbarung oder einer einzelvertraglichen Vereinbarung.

12 **Arbeitsfreistellung** bedeutet die Freistellung des Arbeitnehmers von der Pflicht zur Arbeitsleistung. Unerheblich ist, ob das Arbeitsentgelt fortgezahlt wird oder nicht. Ist in einer Vereinbarung über die Arbeitsfreistellung keine Regelung über die Vergütung oder Teilen davon aufgenommen worden, so ist im Zweifel davon auszugehen, dass der Anspruch auf Arbeitsentgelt nach § 323 BGB entfällt (Zmarzlik/Zipperer/Viethen, § 21 Rn. 13).

13 Ein Tarifvertrag in der **Privatwirtschaft**, der eine Arbeitsfreistellung zur Betreuung eines Kindes vorsieht, ist der Manteltarifvertrag für die Arbeitnehmer im Einzelhandel in Nordrhein-Westfalen. Nach § 17 dieses Tarifvertrages wird in Betrieben mit mehr als 100 Arbeitnehmern im Anschluss an die gesetzliche Elternzeit Elternurlaub zur Fortsetzung der Kinderbetreuung – Höchstdauer von Elternzeit und Elternurlaub insgesamt vier Jahre – gewährt. Tarifverträge im **öffentlichen Dienst** enthalten mit den Ansprüchen auf unbezahlten Sonderurlaub (§ 50 Abs. 2 BAT, § 54a MTB II) ebenfalls Arbeitsfreistellungsansprüche i.S.d. § 21. Die Manteltarifverträge der Metallindustrie, des Groß- und Außenhandels Nordrhein-Westfalens, des privaten Bankgewerbes und des privaten Versicherungsgewerbes enthalten zwar keinen Anspruch auf Arbeitsfreistellung i.S.d. § 21, jedoch einen Anspruch auf **bevorzugte Wiedereinstellung** nach Ausscheiden aus dem Betrieb wegen Betreuung eines Kindes.

14 In Niedersachsen wurden ungefähr ab Anfang 1990 unter Federführung des Niedersächsischen Frauenministeriums Koordinierungsstellen gefördert. Diese Koordinierungsstellen, die es zwischenzeitlich in vielen Städten gibt, informieren und beraten zu beruflicher und betrieblicher Frauenförderung und organisieren einen Zusammenschluss von Betrieben, den überbetrieblichen Verbund, u.a. mit dem Angebot einer unterschiedlich ausgestalteten verlängerten Elternzeit bzw. eines Elternurlaubs.

Der befristet für die Dauer der Elternzeit eingestellte Arbeitnehmer muss nicht dieselben Aufgaben verrichten, die dem in Elternzeit befindlichen Arbeitnehmer übertragen waren. Durch Umorganisation können dessen Aufgaben einem Mitarbeiter übertragen werden, dessen bisherige Aufgaben nun von dem befristet eingestellten Arbeitnehmer wahrgenommen werden. Nach der Rechtsprechung des BAG (v. 10.5.1989, AP Nr. 2 zu § 15 BErzGG m. Anm. Sowka) muss für die Anerkennung eines Vertretungsfalls jedoch zwischen dem zeitweiligen Ausfall eines Mitarbeiters und dem dadurch hervorgerufenen Vertretungsbedarf einerseits und dem der befristeten Einstellung der Vertretungskraft andererseits ein ursächlicher Zusammenhang bestehen. **15**

Ein befristeter Arbeitsvertrag kann nur für die Zeiten der Mutterschutzfristen vor und nach der Entbindung, für die Dauer der Elternzeit (wird diese in einzelnen Abschnitten genommen, auch für einzelne Abschnitte) oder für die Zeit der Arbeitsfreistellung – auch mit verschiedenen Arbeitnehmern – abgeschlossen werden. Eine Befristung für die Zeiten der mutterschutzrechtlichen Beschäftigungsverbote, die Dauer einer anschließenden Elternzeit und die Zeit einer anschließenden Arbeitsfreistellung ist nicht zulässig, wenn der Arbeitgeber bei Abschluss des befristeten Vertrages am Beginn der Mutterschutzfrist nur vermutet, dass die Mutter auch Elternzeit und Arbeitsfreistellung in Anspruch nehmen wird. In diesem Fall kann der Arbeitgeber nur für die Dauer der Beschäftigungsverbote einen befristeten Vertrag abschließen und, wenn später Elternzeit verlangt wird, einen befristeten Vertrag für die Dauer der Elternzeit. **16**

Abs. 2 Bei einer erforderlichen Einarbeitung des befristet eingestellten Arbeitnehmers, ist eine Verlängerung der sich nach Abs. 1 ergebenden Höchstdauer um die für die Einarbeitung ergebende Dauer zulässig. Eine Höchstdauer ist im Gesetz nicht vorgesehen. **17**

Abs. 3 Vor der Gesetzesänderung 1996 ging es dem Gesetzgeber darum sicherzustellen, dass das Befristungsende von Anfang an für die Vertragspartner klar ist (BT-Drs. 10/3792, S. 22). Die Dauer der Befristung musste kalendermäßig bestimmt oder bestimmbar sein. Nicht kalendermäßig bestimmt ist die Dauer des Arbeitsverhältnisses, wenn es im Arbeitsvertrag heißt »bis zum Ende der Elternzeit«. Die so genannte Zweckbefristung eines Aushilfsarbeitsverhältnisses zur Vertretung von Arbeitnehmern während der Dauer der Elternzeit ist seit dem 1.10.1996 zulässig. Es kann grundsätzlich ein Arbeitsverhältnis auch zum Zwecke der Vertretung eines Arbeitnehmers für die Dauer der Elternzeit und eine ggf. darüber hinausgehende weitere Beurlaubung zulässig vereinbart werden. Für den befristet beschäftigten Arbeitnehmer muss jedoch der Zeitpunkt des Eintritts der Zweckerreichung, d.h. das Vertragsende, bei Vertragsschluss voraussehbar sein oder jedenfalls rechtzeitig (Orientierung an tariflichen oder gesetzlichen Mindestkündigungsfristen) angekündigt werden. **18**

§ 21 BErzGG

19 Das wirksam befristete Arbeitsverhältnis **endet mit Ablauf der Frist**. Einer Kündigung bedarf es nicht. Es ist ohne Bedeutung, ob nunmehr ein besonderer Kündigungsschutz (z. B. für Schwangere, Schwerbehinderte) zur Anwendung kommen könnte. Auch die Anhörung des Betriebsrats nach § 102 BetrVG ist nicht erforderlich; eine Widerspruchsmöglichkeit besteht für ihn selbst dann nicht, wenn eine Weiterbeschäftigung im Betrieb möglich wäre.

20 Das befristete Arbeitsverhältnis kann sich jedoch in ein unbefristetes umwandeln, wenn der Arbeitnehmer das Arbeitsverhältnis nach Fristende mit Wissen des Arbeitgebers fortsetzt, ohne dass dieser unverzüglich widerspricht. Ist die Befristung weder nach § 21 noch nach anderen Befristungsregelungen wirksam, wird das **unwirksam befristete durch ein unbefristetes Arbeitsverhältnis ersetzt** (vgl. st. Rspr. seit BAG v. 3.7.1990, AP Nr. 33 zu § 620 BGB Befristeter Arbeitsvertrag). Erklärt der Arbeitgeber, dass er den Arbeitnehmer über den ursprünglichen Beendigungszeitpunkt hinaus nicht beschäftigen werde, muss dieser die Unwirksamkeit der Befristung gemäß § 17 TzBfG mit einer Klage auf Feststellung innerhalb von drei Wochen nach dem vereinbarten Ende des befristeten Vertrages umgehend beim Arbeitsgericht geltend machen.

21 Abs. 4, 5 Fehlt eine Vereinbarung über die **ordentliche Kündigung** des Arbeitsverhältnisses mit der Vertretungskraft und sind die Voraussetzungen für eine außerordentliche Kündigung (§ 626 BGB) nicht erfüllt, kann der Arbeitgeber den Arbeitsvertrag nur unter Einhaltung einer **Frist von mindestens drei Wochen**, jedoch **frühestens zum Ende der Elternzeit** kündigen. Dies gilt sowohl für den Fall, wenn die Elternzeit vorzeitig endet, weil das Kind gestorben ist, als auch, wenn der Arbeitgeber die vorzeitige Beendigung der Elternzeit wegen der Geburt eines weiteren Kindes oder eines besonderen Härtefalles nicht ablehnen darf.

22 Der Arbeitgeber soll sich darauf verlassen können, dass er nicht zwei Arbeitnehmer – den aus der Elternzeit zurückkehrenden Arbeitnehmer und den zur Vertretung eingestellten Arbeitnehmer – beschäftigen muss. Eine vorzeitige Beendigung ohne Zustimmung des Arbeitgebers kommt nur in zwei Fällen in Betracht: bei Tod des Kindes oder bei Kündigung des Arbeitnehmers während der Elternzeit. Zu beachten ist für diese Fälle, dass nach Abs. 5 das **Kündigungsschutzgesetz nicht anwendbar** ist; die gesetzlichen, tarifvertraglichen oder einzelvertraglichen Kündigungsfristen gelten ebenfalls nicht. Die Kündigung des befristet eingestellten Arbeitnehmers ist nur dann unwirksam, wenn ein Sonderkündigungsschutz zum Tragen kommt, z.B. für Schwangere oder Schwerbehinderte. Mit dem vorgesehenen Ende der Befristung würde jedoch das Arbeitsverhältnis enden.

23 Bei Vorliegen der Voraussetzungen des § 626 Abs. 1 BGB kann der nach § 21 zulässig befristete Arbeitsvertrag aus wichtigem Grund **außerordentlich gekündigt** werden.

24 Das **Sonderkündigungsrecht** des Arbeitgebers nach Abs. 4 kann **vertraglich ausgeschlossen** werden. Dieser Ausschluss kann individualrechtlich

BErzGG § 21

oder durch Tarifvertrag vereinbart werden (vgl. Grüner/Dalichau, § 21 Anm. IV. 3) und im Ergebnis dazu führen, dass der Arbeitgeber gleichzeitig zwei Arbeitnehmern gegenüber zur Beschäftigung und zur Entgeltzahlung verpflichtet ist.

Abs. 7 Kommt es im Rahmen arbeitsrechtlicher Gesetze oder Verordnungen auf die Zahl der beschäftigten Arbeitnehmer an, ist der sich in Elternzeit befindliche Arbeitnehmer oder der zur Kinderbetreuung freigestellte Arbeitnehmer nicht mitzuzählen, solange ein Vertreter eingestellt ist. Beispielhaft werden nachfolgend einige Vorschriften aufgeführt, die die Anwendung von der Beschäftigtenzahl abhängig machen:

a) KSchG:
- Gemäß §§ 17 ff. besteht ab 21 Arbeitnehmer nach Betriebsgröße und Zahl der betroffenen Arbeitnehmer gestaffelt eine Anzeigepflicht bei Massenentlassungen.
- Nach § 23 Abs. 1 Satz 2 besteht bei fünf oder weniger Arbeitnehmern kein Kündigungsschutz. Bei der Feststellung dieser Beschäftigungszahl zählen Auszubildende nicht mit und Teilzeitbeschäftigte mit einer regelmäßigen wöchentlichen Arbeitszeit von nicht mehr als 20 Stunden mit 0,5 und nicht mehr als 30 Stunden mit 0,75.

b) BetrVG:
- Nach § 1 ist ab fünf Arbeitnehmer ein Betriebsrat zu errichten; die Zahl der Betriebsratsmitglieder richtet sich nach der Zahl der Beschäftigen (Berechnungsstaffel in § 9). Arbeitnehmergrenzzahlen bestehen ebenfalls für die Bildung eines Wirtschaftsausschusses (§ 106), des Betriebsausschusses (§ 27) und für die Freistellung von Betriebsratsmitgliedern (§ 38).
- Bestimmte Beteiligungsrechte sind ebenfalls abhängig von der Beschäftigtenzahl. Die Beteiligungsrechte in personellen Angelegenheiten (§§ 99 ff.) und bei Betriebsänderungen (§§ 111 ff.) bestehen erst bei mehr als 20 wahlberechtigten Arbeitnehmern; die Mitbestimmung bei Auswahlrichtlinien (§ 95) setzt voraus, dass 1001 Arbeitnehmer beschäftigt sind.

c) Arbeitsschutzrecht:
Auch im Arbeitsschutzrecht ist die Anwendung der gesetzlichen Bestimmungen vielfach von Arbeitnehmergrenzzahlen abhängig.
- Die **Arbeitsstättenverordnung** kennt beispielsweise folgende Grenzzahlen: bei mehr als zehn Arbeitnehmern Pausenraum (§ 29 Abs. 1); ab sechs Arbeitnehmer verschiedenen Geschlechts getrennte Toiletten (§ 37 Abs. 1 Satz 2); für jeweils fünf Arbeitnehmer im Betrieb oder auf einer Baustelle eine Wasserzapfstelle zum Waschen (§ 46 Abs. 1 Nr. 3 und § 47 Abs. 3); ab elf Arbeitnehmer und länger als zwei Wochen auf Baustellen Waschräume (§ 47 Abs. 1); ab 16 Arbeitnehmer und länger als zwei Wochen auf Baustellen Toilettenräume (§ 48 Abs. 2).
- Nach § 22 SGB VII sind in Unternehmen mit mehr als 20 Beschäftigten ein oder mehrere Sicherheitsbeauftragte zu bestellen. Für Betriebe

26 Der in Elternzeit befindliche Arbeitnehmer und der zur Kinderbetreuung freigestellte Arbeitnehmer sind jedoch dann bei der Berechnung der Beschäftigtenzahl zu berücksichtigen, wenn der Vertreter (befristet für ihn Eingestellte) nicht mitzuzählen ist. Vorübergehend Beschäftigte, somit auch Vertreter, bleiben z. B. nach §§ 17, 23 KSchG, §§ 1, 9 Abs. 1, 38 Abs. 1, 99 Abs. 1, 106 Abs. 1, 111 Satz 1, 115 Abs. 1, 116 Abs. 1 BetrVG grundsätzlich außer Ansatz.

27 Ist ein Arbeitnehmer befristet zur Vertretung eines in Elternzeit befindlichen Arbeitnehmers oder eines Arbeitnehmers der zur Kinderbetreuung freigestellt ist, eingestellt worden, ist damit entweder der vertretene Arbeitnehmer in Elternzeit oder der zu seiner Vertretung eingestellte Arbeitnehmer nicht mitzuzählen. Das Gleiche gilt, wenn die Zahl der Arbeitsplätze für die Anwendung arbeitsrechtlicher Gesetze und Vorschriften zugrunde gelegt wird. Mit dieser Regelung sollen **Doppelzählungen verhindert** werden. Abhängig von der jeweiligen Fallgestaltung birgt diese Regelung jedoch auch Nachteile für den Arbeitgeber. War beispielsweise der in Elternzeit befindliche Arbeitnehmer schwerbehindert, könnte der Arbeitgeber die Pflichtquote dann ggf. nicht mehr erfüllen, wenn er keinen schwerbehinderten Arbeitnehmer zur Vertretung einstellt.

Dritter Abschnitt
Übergangs- und Schlussvorschriften

§ 22
Ergänzendes Verfahren zum Erziehungsgeld

(1) Soweit dieses Gesetz zum Erziehungsgeld keine ausdrückliche Regelung trifft, ist bei der Ausführung des Ersten Abschnitts das Erste Kapitel des Zehnten Buches Sozialgesetzbuch anzuwenden.

(2) Steigt die Anzahl der Kinder oder treten die Voraussetzungen nach § 1 Abs. 5, § 5 Abs. 1 Satz 4 zweiter Halbsatz, § 6 Abs. 1 Nr. 3, Abs. 6 und 7 nach der Entscheidung über das Erziehungsgeld ein, werden sie mit Ausnahme des § 6 Abs. 6 nur auf Antrag berücksichtigt. Soweit diese Voraussetzungen danach wieder entfallen, ist das unerheblich. Die Regelungen nach § 4 Abs. 3, § 5 Abs. 1 Satz 2, 3 und § 12 Abs. 1 und 3 bleiben unberührt.

(3) Mit Ausnahme von Absatz 2 sind nachträgliche Veränderungen im Familienstand einschließlich der Familiengröße und im Einkommen nicht zu berücksichtigen.

(4) In den Fällen des Absatzes 2 und, mit Ausnahme von Absatz 3, bei sonstigen wesentlichen Veränderungen in den tatsächlichen oder rechtlichen

BErzGG §§ 22, 23

Verhältnissen, die für den Anspruch auf Erziehungsgeld erheblich sind, ist über das Erziehungsgeld mit Beginn des nächsten Lebensmonats nach der wesentlichen Änderung der Verhältnisse durch Aufhebung oder Änderung des Bescheides neu zu entscheiden. § 4 Abs. 2 Satz 3, Abs. 3 bleibt unberührt.

(5) § 331 des Dritten Buches Sozialgesetzbuch gilt mit der Maßgabe entsprechend, dass an die Stelle der Monatsfrist in Absatz 2 eine Frist von sechs Wochen tritt.

Eine abweichende Entscheidung über die Höhe des Erziehungsgeldes, außer in dem Fall der Änderung der Einkommensverhältnisse aufgrund von Teilzeitarbeit, ist nur auf Antrag möglich. Solche Anträge werden vor allem notwendig sein bei Erhöhung der Anzahl der Kinder bzw. Eintritt der Härtefallregelung (schwere Krankheit, Behinderung, Tod eines Elternteils bzw. erheblich gefährdete wirtschaftliche Existenz), bei Geburt eines behinderten Kindes wegen der Pauschbeträge und bei drastischer Änderung der Einkommenssituation gemäß § 6 Abs. 7 um mindestens 20%.

Bei der Zahlung von Erziehungsgeld wird von dem Grundsatz der Planungssicherheit ausgegangen. Dieses bedeutet, dass einmal erlassene Bescheide nicht mehr rückgängig gemacht werden. Eine Ausnahme bildet das Stellen eines Antrages bzw. die Aufnahme einer Teilzeitarbeit.

§ 23
Statistik

(1) Zum Erziehungsgeld und zur gleichzeitigen Elternzeit werden nach diesem Gesetz bundesweit statistische Angaben (Statistik) erfasst.

(2) Die Statistik erfasst jährlich für das vorangegangene Kalenderjahr für jede Bewilligung von Erziehungsgeld, jeweils im ersten und zweiten Lebensjahr des Kindes, folgende Erhebungsmerkmale des Empfängers:

1. *Geschlecht,*

2. *(a) Deutscher, (b) Ausländer (davon EU-/EWR-Bürger); zu (a) und (b) jeweils gewöhnlicher Aufenthalt in Deutschland, im Ausland (davon EU-/EWR-Gebiet),*

3. *Familienstand (verheiratet zusammenlebend, in eingetragener Lebenspartnerschaft zusammenlebend, alleinstehend, eheähnliche Lebensgemeinschaft),*

4. *Dauer des Erziehungsgeldbezugs je Kind (nur bis zum sechsten, über den sechsten bis zum zwölften, über den zwölften Lebensmonat des Kindes hinaus) und Anzahl der Kinder des Empfängers (ein, zwei, drei, vier und mehr Kinder),*

5. *Höhe des monatlichen Erziehungsgeldes je Kind während der ersten sechs Lebensmonate (600 DM, 900 DM), (Änderung ab 1.1.2002 – s. Anhang Seite 134f.)*

§§ 23, 24 BErzGG

6. Höhe des monatlichen Erziehungsgeldes je Kind über den sechsten Lebensmonat hinaus (bis 199 DM, 200 bis 399 DM, 400 bis 599 DM, 600 DM, 601 bis 749 DM, 750 bis 899 DM, 900 DM),

7. Beteiligung am Erwerbsleben während des Erziehungsgeldbezugs (abhängige Beschäftigung, Selbständigkeit),

8. Elternzeit aus Anlass des Erziehungsgeldbezugs (davon: a) mit und ohne gleichzeitige Teilzeitbeschäftigung; b) gemeinsame Elternzeit beider Elternteile), Dauer der (persönlichen, gemeinsamen) Elternzeit bis zum zwölften, über den zwölften Lebensmonat des Kindes hinaus.

(3) Hilfsmerkmale sind Geburtsjahr und -monat des Kindes sowie Name und Anschrift der zuständigen Behörden (§ 10).

(4) Die nach § 10 bestimmten zuständigen Behörden erfassen die statistischen Angaben. Diese sind jährlich bis zum 30. Juni des folgenden Jahres dem Bundesministerium für Familie, Senioren, Frauen und Jugend mitzuteilen.

Der Rahmen für bundesweit erfasste statistische Angaben zum Erziehungsgeld und der ggf. gleichzeitigen Elternzeit ist hier geregelt.

§ 24
Übergangsvorschriften; Bericht

(1) Für die vor dem 1. Januar 2001 geborenen Kinder oder die vor diesem Zeitpunkt mit dem Ziel der Adoption in Obhut genommenen Kinder sind die Vorschriften dieses Gesetzes in der bis zum 31. Dezember 2000 geltenden Fassung weiter anzuwenden.

(2) Die Bundesregierung legt dem Deutschen Bundestag bis zum 1. Juli 2004 einen Bericht über die Auswirkungen der §§ 15 und 16 (Elternzeit und Teilzeitarbeit in der Elternzeit) auf Arbeitnehmerinnen, Arbeitnehmer und Arbeitgeber sowie über die gegebenenfalls notwendige Weiterentwicklung dieser Vorschriften vor.

Hier ist insbesondere bestimmt, dass für die vor dem 1.1.2001 geborenen Kinder oder in Obhut genommenen Adoptivkinder das BErzGG in seiner bis zum 31.12.2000 geltenden Fassung weiter anzuwenden ist. Für die Übergangsphase bis Ende 2003 sind neben den neuen Vorschriften also auch die bisherigen Vorschriften anzuwenden. Insbesondere wirkt sich das auf den Teilzeitanspruch aus. Bei Bezug von Erziehungsgeld darf nach den für diesen Personenkreis geltenden bisherigen Vorschriften die wöchentliche Arbeitszeit 19 Stunden nicht übersteigen und es besteht ferner kein Anspruch auf Teilzeitbeschäftigung.

§ 25
Inkrafttreten

Anhang

1. Verwaltungsvorschriften zum Kündigungsschutz nach § 18 Bundeserziehungsgeldgesetz 102
2. Verordnung über Erziehungsurlaub für Bundesbeamte und Richter im Bundesdienst (Erziehungsurlaubsverordnung – ErzUrlV) 105
3. Verordnung über den Erziehungsurlaub für Soldaten. 109
4. Richtlinien des Ministeriums für Familie, Frauen, Weiterbildung und Kunst des Landes Baden-Württemberg für die Gewährung von Landeserziehungsgeld (RL-LErzG) 112
5. Gesetz zur Gewährung eines Landeserziehungsgeldes und zur Ausführung des Bundeserziehungsgeldgesetzes (Bayerisches Landeserziehungsgeldgesetz – BayErzGG) 118
6. Gesetz zur Gewährung eines Landeserziehungsgeldes in Mecklenburg-Vorpommern (Landeserziehungsgeldgesetz – LErzGG M-V) 123
7. Gesetz über die Gewährung von Landeserziehungsgeld im Freistaat Sachsen (Sächsisches Landeserziehungsgeldgesetz – SächsLErzGG) 128
8. Thüringer Landeserziehungsgeldgesetz. 131
9. Drittes Gesetz zur Änderung des Bundeserziehungsgeldgesetzes (Artikel 2) 134

Anhang

1. Verwaltungsvorschriften zum Kündigungsschutz nach § 18 Bundeserziehungsgeldgesetz

Allgemeine Verwaltungsvorschriften zum Kündigungsschutz bei Erziehungsurlaub (§ 18 Abs. 1 Satz 3 des Bundeserziehungsgeldgesetzes) vom 2.1.1986 (Bundesanzeiger 1986 Nr. 1 S. 4).

§ 1
(Aufgabe der Behörde)

Die für den Arbeitsschutz zuständige oberste Landesbehörde oder die von ihr bestimmte Stelle (Behörde) hat zu prüfen, ob ein besonderer Fall gegeben ist. Ein solcher besonderer Fall liegt vor, wenn es gerechtfertigt erscheint, daß das nach § 18 Abs. 1 Satz 1 des Gesetzes als vorrangig angesehene Interesse des Arbeitnehmers am Fortbestand des Arbeitsverhältnisses wegen außergewöhnlicher Umstände hinter die Interessen des Arbeitgebers zurücktritt.

§ 2
(Vorliegen des besonderen Falles)

(1) Bei der Prüfung nach Maßgabe des § 1 hat die Behörde davon auszugehen, dass ein besonderer Fall im Sinne des § 18 Abs. 1 Satz 2 des Gesetzes insbesondere dann gegeben ist, wenn

1. der Betrieb, in dem der Arbeitnehmer beschäftigt ist, stillgelegt wird und der Arbeitnehmer nicht in einem anderen Betrieb des Unternehmens weiterbeschäftigt werden kann,

2. die Betriebsabteilung, in der der Arbeitnehmer beschäftigt ist, stillgelegt wird und der Arbeitnehmer nicht in einer anderen Betriebsabteilung des Betriebes oder in einem anderen Betrieb des Unternehmens weiterbeschäftigt werden kann,

3. der Betrieb oder die Betriebsabteilung, in denen der Arbeitnehmer beschäftigt ist, verlagert wird und der Arbeitnehmer an dem neuen Sitz des Betriebes oder der Betriebsabteilung und auch in einer anderen Betriebsabteilung oder in einem anderen Betrieb des Unternehmens nicht weiterbeschäftigt werden kann,

4. der Arbeitnehmer in den Fällen der Nummern 1 bis 3 eine ihm vom Arbeitgeber angebotene, zumutbare Weiterbeschäftigung auf einem anderen Arbeitsplatz ablehnt,

5. durch die Aufrechterhaltung des Arbeitsverhältnisses nach Beendigung des Erziehungsurlaubs die Existenz des Betriebes oder die wirtschaftliche Existenz des Arbeitgebers gefährdet wird,

6. besonders schwere Verstöße des Arbeitnehmers gegen arbeitsvertragliche Pflichten oder vorsätzliche strafbare Handlungen des Arbeitnehmers dem Arbeitgeber die Aufrechterhaltung des Arbeitsverhältnisses unzumutbar machen.

(2) Ein besonderer Fall im Sinne des § 18 Abs. 1 Satz 2 des Gesetzes kann auch dann gegeben sein, wenn die wirtschaftliche Existenz des Arbeitgebers durch die Aufrechterhaltung des Arbeitsverhältnisses nach Beendigung des Erziehungsurlaubs unbillig erschwert wird, so daß er in die Nähe der Existenzgefährdung kommt. Eine solche unbillige Erschwerung kann auch dann angenommen werden, wenn der Arbeitgeber in die Nähe der Existenzgefährdung kommt, weil

1. der Arbeitnehmer in einem Betrieb mit in der Regel 5 oder weniger Arbeitnehmern ausschließlich der zu ihrer Berufsbildung Beschäftigten beschäftigt ist und der Arbeitgeber zur Fortführung des Betriebes dringend auf eine entsprechend qualifizierte Fachkraft angewiesen ist, die er nur einstellen kann, wenn er mit ihr einen unbefristeten Arbeitsvertrag abschließt; bei der Feststellung der Zahl der beschäftigten Arbeitnehmer sind nur Arbeitnehmer zu berücksichtigen, deren regelmäßige Arbeitszeit wöchentlich 10 Stunden oder monatlich 45 Stunden übersteigt, oder

2. der Arbeitgeber wegen der Aufrechterhaltung des Arbeitsverhältnisses nach Beendigung des Erziehungsurlaubs keine entsprechend qualifizierte Ersatzkraft für einen nur befristeten Arbeitsvertrag findet und deshalb mehrere Arbeitsplätze wegfallen müßten.

§ 3
(Ermessen der Behörde)

Kommt die Behörde zu dem Ergebnis, daß ein besonderer Fall im Sinne des § 18 Abs. 1 Satz 2 des Gesetzes gegeben ist, so hat sie im Rahmen ihres pflichtgemäßen Ermessens zu entscheiden, ob das Interesse des Arbeitgebers an einer Kündigung während des Erziehungsurlaubs so erheblich überwiegt, daß ausnahmsweise die vom Arbeitgeber beabsichtigte Kündigung für zulässig zu erklären ist.

§ 4
(Antrag des Arbeitgebers)

Die Zulässigkeitserklärung der Kündigung hat der Arbeitgeber bei der für den Sitz des Betriebes oder der Dienststelle zuständigen Behörde schriftlich oder zu Protokoll zu beantragen. Im Antrag ist der Arbeitsort und die vollständige Anschrift des Arbeitnehmers, dem gekündigt werden soll, anzugeben. Der Antrag ist zu begründen; etwaige Beweismittel sind beizufügen oder zu benennen.

Anhang

§ 5
(Anhörung des Arbeitnehmers)

(1) Die Behörde hat die Entscheidung unverzüglich zu treffen.

(2) Die Behörde hat vor ihrer Entscheidung dem betreffenden Arbeitnehmer sowie dem Betriebs- oder Personalrat Gelegenheit zu geben, sich mündlich oder schriftlich zu dem Antrag nach § 4 zu äußern.

§ 6
(Bedingungen)

Die Zulässigkeit der Kündigung kann unter Bedingungen erklärt werden, z. B., daß sie erst zum Ende des Erziehungsurlaubs ausgesprochen wird.

§ 7
(Form der Entscheidung)

Die Behörde hat ihre Entscheidung (Zulässigkeitserklärung oder Ablehnung mit Rechtsbehelfsbelehrung) schriftlich zu erlassen, schriftlich zu begründen und dem Arbeitgeber und dem Arbeitnehmer zuzustellen. Dem Betriebs- oder Personalrat ist eine Abschrift zu übersenden.

§ 8
(Berufsbildung, Heimarbeit)

(1) Die zu ihrer Berufsbildung Beschäftigten gelten als Arbeitnehmer im Sinne der vorstehenden Vorschriften.

(2) Für die in Heimarbeit Beschäftigten und die ihnen Gleichgestellten (§ 1 Abs. 1 und 2 des Heimarbeitgesetzes), soweit sie am Stück mitarbeiten, gelten die vorstehenden Vorschriften entsprechend mit der Maßgabe, daß an die Stelle des Arbeitgebers der Auftraggeber oder der Zwischenmeister tritt (vgl. § 20 des Gesetzes).

2. Verordnung über Erziehungsurlaub für Bundesbeamte und Richter im Bundesdienst[1] (Erziehungsurlaubsverordnung – ErzUrlV)

in der Fassung der Bekanntmachung vom 25.4.1997 (BGBl. I S. 984), geändert durch Artikel 17 des Gesetzes vom 29.6.1998 (BGBl. I S. 1666)

§ 1

(1) Beamte haben Anspruch auf Erziehungsurlaub ohne Dienstbezüge oder Anwärterbezüge bis zur Vollendung des dritten Lebensjahres eines Kindes, das nach dem 31. Dezember 1991 geboren ist, wenn sie

1. mit einem Kind, für das ihnen die Personensorge zusteht, einem Kind des Ehepartners, einem Kind, das sie mit dem Ziel der Annahme als Kind in ihre Obhut aufgenommen haben, einem Kind, für das sie ohne Personensorgerecht in einem Härtefall Erziehungsgeld gemäß § 1 Abs. 7 Satz 2 des Bundeserziehungsgeldgesetzes beziehen können, oder als Nichtsorgeberechtigte mit ihrem leiblichen Kind in einem Haushalt leben und

2. dieses Kind selbst betreuen und erziehen.

Bei einem angenommenen Kind und bei einem Kind in Adoptionspflege besteht Anspruch auf Erziehungsurlaub von insgesamt drei Jahren ab der Inobhutnahme, längstens bis zur Vollendung des siebten Lebensjahres des Kindes. Bei einem leiblichen Kind eines nicht sorgeberechtigten Elternteils ist die Zustimmung des sorgeberechtigten Elternteils erforderlich.

(2) Ein Anspruch auf Erziehungsurlaub besteht nicht, solange

1. die Mutter als Wöchnerin bis zum Ablauf von acht Wochen, bei Früh- und Mehrlingsgeburten von zwölf Wochen oder durch Gesetz oder auf Grund eines Gesetzes länger, nicht beschäftigt werden darf,

2. der mit dem Beamten in einem Haushalt lebende andere Elternteil nicht erwerbstätig ist oder

3. der andere Elternteil Erziehungsurlaub in Anspruch nimmt.

Satz 1 Nr. 1 gilt nicht, wenn ein Kind in Adoptionspflege genommen ist oder wegen eines anderen Kindes Erziehungsurlaub in Anspruch genommen wird. Beamte haben abweichend von Satz 1 Anspruch auf Erziehungsurlaub, wenn die Betreuung und Erziehung des Kindes nicht sichergestellt werden kann; dies gilt in den Fällen der Nummer 2 insbesondere dann, wenn der andere Elternteil arbeitslos ist oder sich in Ausbildung befindet.

---

[1] Für die Beamten und Richter im Landesdienst gelten entsprechende Erziehungsurlaubsverordnungen der Länder.

(3) Während des Erziehungsurlaubs kann, wenn zwingende dienstliche Gründe nicht entgegenstehen, dem Beamten eine Teilzeitbeschäftigung als Beamter beim selben Dienstherrn in dem nach § 2 Abs. 1 Nr. 1 des Bundeserziehungsgeldgesetzes zulässigen Umfang bewilligt werden. Für Richter ist während des Erziehungsurlaubs eine Teilzeitbeschäftigung als Richter im Umfang der Hälfte des regelmäßigen Dienstes zulässig. Im übrigen darf während des Erziehungsurlaubs mit Genehmigung des Dienstvorgesetzten eine Teilzeitbeschäftigung in dem nach § 2 Abs. 1 Nr. 1 des Bundeserziehungsgeldgesetzes zulässigen Umfang als Arbeitnehmer oder Selbständiger ausgeübt werden.

§ 2

(1) Der Beamte muß den Erziehungsurlaub spätestens vier Wochen vor dem Zeitpunkt, von dem ab er ihn in Anspruch nehmen will, beantragen und gleichzeitig erklären, für welchen Zeitraum oder für welche Zeiträume er Erziehungsurlaub in Anspruch nehmen will. Eine Inanspruchnahme von Erziehungsurlaub oder ein Wechsel unter den Berechtigten ist dreimal zulässig.

(2) Kann der Beamte aus einem von ihm nicht zu vertretenden Grund einen sich unmittelbar an das Beschäftigungsverbot des § 6 Abs. 1 des Mutterschutzgesetzes oder des § 3 Abs. 1 der Mutterschutzverordnung anschließenden Erziehungsurlaub nicht rechtzeitig beantragen, so kann er dies innerhalb einer Woche nach Wegfall des Grundes nachholen.

(3) Der Erziehungsurlaub kann vorzeitig beendet oder im Rahmen des § 1 Abs. 1 verlängert werden, wenn der Dienstvorgesetzte zustimmt. Er ist auf Wunsch zu verlängern, wenn ein vorgesehener Wechsel in der Anspruchsberechtigung aus einem wichtigen Grund nicht erfolgen kann.

(4) Stirbt das Kind während des Erziehungsurlaubs, endet dieser spätestens drei Wochen nach dem Tode des Kindes.

(5) Eine Änderung der Anspruchsberechtigung hat der Beamte dem Dienstvorgesetzten unverzüglich mitzuteilen.

§ 3

Der Erholungsurlaub wird nicht nach § 5 Abs. 6 Satz 1 der Erholungsurlaubsverordnung gekürzt, wenn der Beamte während des Erziehungsurlaubs bei seinem Dienstherrn eine Teilzeitbeschäftigung als Beamter ausübt.

§ 4

(1) Während des Erziehungsurlaubs darf die Entlassung eines Beamten auf Probe und auf Widerruf gegen seinen Willen nicht ausgesprochen werden.

(2) Die oberste Dienstbehörde kann abweichend von Absatz 1 eine Entlassung eines Beamten auf Probe oder auf Widerruf aussprechen, wenn ein

Sachverhalt vorliegt, bei dem ein Beamter auf Lebenszeit im Wege des förmlichen Disziplinarverfahrens aus dem Dienst zu entfernen wäre.

(3) Die §§ 28 und 29 des Bundesbeamtengesetzes bleiben unberührt.

§ 5

(1) Während des Erziehungsurlaubs hat der Beamte Anspruch auf Beihilfe in entsprechender Anwendung der Beihilfevorschriften, sofern er nicht bereits auf Grund einer Teilzeitbeschäftigung unmittelbar Anspruch auf Beihilfe nach den Beihilfevorschriften hat.

(2) Dem Beamten werden für die Zeit des Erziehungsurlaubs die Beiträge für seine Kranken- und Pflegeversicherung bis zu monatlich 60 Deutsche Mark erstattet, wenn seine Dienstbezüge oder Anwärterbezüge – ohne die mit Rücksicht auf den Familienstand gewährten Zuschläge und ohne Aufwandsentschädigung sowie ohne Auslandsdienstbezüge nach § 52 Abs. 1 Satz 3 des Bundesbesoldungsgesetzes – vor Beginn des Erziehungsurlaubs die Versicherungspflichtgrenze in der gesetzlichen Krankenversicherung nicht überschritten haben oder überschritten hätten. Auf Antrag des Beamten werden die Beiträge für seine beihilfekonforme Kranken- und Pflegeversicherung in voller Höhe erstattet, wenn er nachweist, daß ihm in der Zeit ab dem siebten Lebensmonat des Kindes volles Erziehungsgeld zusteht. Steht dem Beamten ein vermindertes Erziehungsgeld zu, wird ihm auf seinen Antrag zusätzlich zu dem Erstattungsbetrag nach Satz 1 der Teil der restlichen Beiträge für seine beihilfekonforme Kranken- und Pflegeversicherung erstattet, der dem Verhältnis seines verminderten Erziehungsgeldes zum vollen Erziehungsgeld entspricht. Für diejenigen Monate eines Erziehungsurlaubs, in denen das Bundeserziehungsgeldgesetz die Zahlung von Erziehungsgeld generell nicht vorsieht, werden die Verhältnisse zugrunde gelegt, die beim letzten Bezug von Erziehungsgeld vorgelegen haben.

(3) Den Polizeivollzugsbeamten im Bundesgrenzschutz, mit Ausnahme der Polizeivollzugsbeamten, die nach § 80 des Bundesbesoldungsgesetzes Beihilfe nach den Beihilfevorschriften erhalten, wird während des Erziehungsurlaubs Heilfürsorge in entsprechender Anwendung der Heilfürsorgebestimmungen für den Bundesgrenzschutz gewährt, sofern sie nicht bereits auf Grund einer Teilzeitbeschäftigung unmittelbar Anspruch auf Heilfürsorge nach den Heilfürsorgebestimmungen für den Bundesgrenzschutz haben.

§ 6

Auf Beamte, die Anspruch auf Erziehungsurlaub für ein vor dem 1. Januar 1992 geborenes Kind haben, finden die Vorschriften dieser Verordnung in der bis zum 31. Dezember 1991 geltenden Fassung Anwendung.

Anhang

§ 7

Diese Verordnung gilt für Richter im Bundesdienst entsprechend.

§ 8

(Inkrafttreten)[2]

---

2 Die Neufassung ist am 25. 4. 1997 in Kraft getreten (BGBl. I S. 984); die Änderung des § 5 Abs. 2 am 1. 1. 1999; bis 31. 12. 1998 galt folgende Fassung:
(2) Dem Beamten werden für die Zeit des Erziehungsurlaubs die Beiträge für seine Krankenversicherung bis zu monatlich 60 Deutsche Mark erstattet, wenn seine Dienstbezüge oder Anwärterbezüge (ohne die mit Rücksicht auf den Familienstand gewährten Zuschläge und ohne Aufwandsentschädigung sowie ohne Auslandsdienstbezüge nach § 52 Abs. 1 Satz 3 des Bundesbesoldungsgesetzes) vor Beginn des Erziehungsurlaubs die Versicherungspflichtgrenze in der gesetzlichen Krankenversicherung nicht überschritten haben oder überschritten hätten.

3. Verordnung über den Erziehungsurlaub für Soldaten

(Erziehungsurlaubsverordnung für Soldaten – ErzUrlSold) in der Fassung der Bekanntmachung vom 25.4.1995 (BGBl. I S. 584, 1000)

§ 1
Beginn und Ende des Anspruchs

(1) Soldaten haben Anspruch auf Erziehungsurlaub ohne Geld- und Sachbezüge und ohne Leistungen nach dem Unterhaltssicherungsgesetz bis zur Vollendung des dritten Lebensjahres eines Kindes, das nach dem 31. Dezember 1991 geboren ist, wenn sie

1. mit einem Kind, für das ihnen die Personensorge zusteht, einem Kind des Ehepartners, einem Kind, das sie mit dem Ziel der Annahme als Kind in ihre Obhut genommen haben, einem Kind, für das sie ohne Personensorgerecht in einem Härtefall Erziehungsgeld gemäß § 1 Abs. 7 Satz 2 des Bundeserziehungsgeldgesetzes beziehen können, oder als Nichtsorgeberechtigte mit ihrem leiblichen Kind in einem Haushalt leben und

2. dieses Kind selbst betreuen und erziehen.

Bei einem angenommenen Kind und bei einem Kind in Adoptionspflege besteht Anspruch auf Erziehungsurlaub von insgesamt drei Jahren ab der Inobhutnahme, längstens bis zur Vollendung des siebten Lebensjahres des Kindes. Bei einem leiblichen Kind eines nicht sorgeberechtigten Elternteils ist die Zustimmung des sorgeberechtigten Elternteils erforderlich.

(2) Der Anspruch auf Erziehungsurlaub besteht nicht, so lange

1. die Mutterschutzfrist dauert, das heißt bis zum Ablauf von acht Wochen, bei Früh- oder Mehrlingsgeburten bis zum Ablauf von zwölf Wochen nach der Geburt,

2. der mit dem Soldaten in einem Haushalt lebende andere Elternteil nicht erwerbstätig ist oder

3. der andere Elternteil Erziehungsurlaub in Anspruch nimmt.

Satz 1 Nr. 1 gilt nicht, wenn ein Kind in Adoptionspflege genommen ist oder wegen eines anderen Kindes Erziehungsurlaub in Anspruch genommen wird. Soldaten haben abweichend von Satz 1 Anspruch auf Erziehungsurlaub, wenn die Betreuung und Erziehung des Kindes nicht sichergestellt werden kann; dies gilt in den Fällen der Nummer 2 insbesondere dann, wenn der andere Elternteil arbeitslos ist oder sich in Ausbildung befindet.

Anhang

(3) Der Erziehungsurlaub kann vorzeitig beendet oder im Rahmen des Absatzes 1 verlängert werden, wenn die nach § 3 Abs. 1 zuständige Stelle zustimmt. Er ist auf Wunsch zu verlängern, wenn ein vorgesehener Wechsel in der Anspruchsberechtigung aus einem wichtigen Grund nicht erfolgen kann.

(4) Stirbt das Kind während des Erziehungsurlaubs, so endet dieser spätestens drei Wochen nach dem Tod des Kindes.

(5) Der von der Bundeswehr erteilte Erziehungsurlaub endet ferner mit der Beendigung des Wehrdienstverhältnisses.

§ 2
Antrag

(1) Der Soldat muß den Erziehungsurlaub spätestens sechs Wochen vor dem Zeitpunkt, von dem ab er ihn in Anspruch nehmen will, beantragen und gleichzeitig erklären, für welchen Zeitraum oder für welche Zeiträume er Erziehungsurlaub in Anspruch nehmen will. Eine Inanspruchnahme von Erziehungsurlaub oder ein Wechsel unter den Berechtigten ist dreimal zulässig.

(2) Hat der Soldat einen Erziehungsurlaub aus einem von ihm nicht zu vertretenden Grund nicht rechtzeitig beantragt, kann er dies innerhalb einer Woche nach Wegfall des Grundes nachholen.

(3) Eine Änderung der Anspruchsberechtigung hat der Soldat seinem nächsten Disziplinarvorgesetzten unverzüglich mitzuteilen.

§ 3
Verfahren

(1) Den Erziehungsurlaub erteilt das Bundesministerium der Verteidigung oder eine von ihm beauftragte Stelle.

(2) Aus zwingenden Gründen der Verteidigung kann das Bundesministerium der Verteidigung die Erteilung des beantragten Erziehungsurlaubs ablehnen oder bereits gewährten Erziehungsurlaub widerrufen.

(3) Mit Zustimmung des Bundesministeriums der Verteidigung oder einer von ihm beauftragten Stelle kann auf bereits bewilligten Erziehungsurlaub verzichtet werden.

§ 4
Nicht volle Erwerbstätigkeit

Während des Erziehungsurlaubs darf der Soldat mit Zustimmung des Bundesministeriums der Verteidigung oder einer von ihm beauftragten Stelle eine Teilzeitbeschäftigung als Arbeitnehmer aufnehmen, wenn die Teilzeitbeschäftigung den in § 2 Abs. 1 Nr. 1 des Bundeserziehungsgeldgesetzes zulässigen Umfang nicht überschreitet.

§ 5
(weggefallen)

§ 6
Truppenärztliche Versorgung

Während des Erziehungsurlaubs besteht Anspruch auf unentgeltliche truppenärztliche Versorgung.

§ 7

Die Vorschriften dieser Verordnung sind nur in den Fällen anzuwenden, in denen das Kind nach Inkrafttreten dieser Verordnung geboren wird.

§ 7a

Auf Soldaten, die Anspruch auf Erziehungsurlaub für ein vor dem 1. Januar 1992 geborenes Kind haben, finden die Vorschriften der Erziehungsurlaubsverordnung in der bis zum 31. Dezember 1991 geltenden Fassung Anwendung.

§ 8
(Aufhebung anderer Vorschriften)

§ 9
(Inkrafttreten)[1]

---

[1] Die Neufassung ist mit Wirkung vom 1. Januar 1995 in Kraft getreten.

Anhang

4. Richtlinien des Ministeriums für Familie, Frauen, Weiterbildung und Kunst des Landes Baden-Württemberg für die Gewährung von Landeserziehungsgeld (RL-LErzG)

in der Fassung der Dritten Änderung[1] vom 3. Juli 1995 – Az.: 25-7432.1

Landeserziehungsgeld gibt es erst für das dritte Lebensjahr des Kindes, so daß Änderungen sich erst ab 1.1.2001 auswirken werden. Neue Richtlinien sind noch nicht veröffentlicht. Nach einer Beilage zur Informationsbroschüre des Sozial-Ministeriums Baden Württemberg gelten folgende Änderungen für Geburten ab 1.1.2001:

- *Landeserziehungsgeld beträgt 205 Euro (400,95 DM);*
- *für das dritte und jedes weitere Kind erhöht sich der Zahlbetrag auf 307 Euro (600,44 DM),*
- *monatliche Einkommensgrenzen erhöhen sich wie folgt:*

  1380 Euro (2699,05 DM) für Verheiratete und Eltern in eheähnlicher Gemeinschaft; 1125 Euro (2200,31 DM) für Alleinerziehende;
- *Freibeträge für weitere Kinder werden wie folgt erhöht:*

  für Geburten ab 1.1.2001: 179 Euro (350,09 DM),

  für Geburten ab 1.1.2002: 205 Euro (400,95 DM) und

  für Geburten ab 1.1.2003: 230 Euro (449,84 DM);
- *Die Grenze für zulässige Teilzeiterwerbstätigkeit des betreuenden Elternteils wird von 19 auf 20 Stunden wöchentlich erhöht. Auch eine Teilzeiterwerbstätigkeit beider Ehegatten von je bis zu 30 Stunden ist zugelassen.*
- *Künftig kann Landeserziehungsgeld bis spätestens zur Vollendung des achten Lebensjahres des Kindes gezahlt werden.*
- *Für Adoptivkinder gilt der Zeitraum bis zur Vollendung des neunten Lebensjahres.*
- *Die Inanspruchnahme der Budgetierung nach dem Bundeserziehungsgeldgesetz schließt den Anspruch auf Landeserziehungsgeld in der Regel aus.*

---

1 Gültig für Geburten ab 1. Juli 1993, für Adoptivkinder ist der Zeitpunkt der Inobhutnahme maßgebend. Für Geburten bis einschließlich 30. Juni 1993 gelten die Richtlinien weiterhin in der bisherigen Fassung.

Anhang

1 Zweck des Landeserziehungsgeldes

Das Land gewährt für Kinder, die ab 1. Januar 1986 geboren werden, im Rahmen seiner familienfördernden Maßnahmen ein steuer- und pfändungsfreies Landeserziehungsgeld. Es wird im Anschluß an den Bezugszeitraum für das Bundeserziehungsgeld gewährt. Dadurch soll die Erziehungskraft der Familien gestärkt und ihre Erziehungsleistung anerkannt werden.

2 Rechtsgrundlage

Das Landeserziehungsgeld ist eine freiwillige Leistung des Landes. Es wird im Rahmen der im Staatshaushaltsplan verfügbaren Mittel[2] nach Maßgabe dieser Richtlinie und der §§ 23, 44 LHO, der Verwaltungsvorschriften hierzu und §§ 48, 49 und 49a Landesverwaltungsverfahrensgesetz gewährt. Ein Rechtsanspruch auf das Landeserziehungsgeld besteht nicht.

3 Antragsberechtigte

3.1 Landeserziehungsgeld erhält, wer

1. die Staatsangehörigkeit eines Mitgliedstaates der Europäischen Union oder eines anderen Vertragsstaates des Abkommens über den Europäischen Wirtschaftsraum besitzt,

2. seinen Wohnsitz oder gewöhnlichen Aufenthalt in Baden-Württemberg hat,

3. mit einem Kind, für das ihm die Personensorge zusteht, in einem Haushalt lebt,

4. dieses Kind selbst betreut und erzieht und

5. keine oder keine volle Erwerbstätigkeit (Nr. 3.4) ausübt.

3.2 Einem in Nummer 3.1.3 genannten Kind steht gleich

1. ein Kind, das mit dem Ziel der Annahme als Kind in der Obhut des/der Annehmenden aufgenommen ist,

2. ein Kind des Ehepartners, das der/die Antragsteller/in in seinen/ihren Haushalt aufgenommen hat,

3. ein leibliches Kind des/der nicht sorgeberechtigten Antragstellers/Antragstellerin mit dem diese(r) in einem Haushalt lebt.

3.3 Die Voraussetzung nach Nummer 3.1.1 gilt auch dann als erfüllt, wenn sie beim Ehegatten oder beim leistungsberechtigenden Kind des/der Antragstellers/Antragstellerin vorliegt.

3.4 Für den Umfang der zulässigen Erwerbstätigkeit gilt § 2 BErzGG entsprechend.

---

2 Bei Kapitel 1605 Titel 681 02.

Anhang

3.5 Die Gewährung von Landeserziehungsgeld bleibt unberührt, wenn der/die Antragsteller/in aus einem wichtigen Grund (z.B. wegen eines Krankenhausaufenthalts) die Betreuung und Erziehung des Kindes nicht sofort aufnehmen kann oder sie unterbrechen muß.

3.6 Für die Betreuung und Erziehung eines Kindes wird nur einer Person Landeserziehungsgeld gewährt. Erfüllen beide Ehegatten die Anspruchsvoraussetzungen, so wird das Landeserziehungsgeld demjenigen gewährt, den sie zum Berechtigten bestimmen.

Einem nicht sorgeberechtigten Elternteil kann Landeserziehungsgeld nur mit Zustimmung des sorgeberechtigten Elternteils gewährt werden.

In Härtefällen gilt § 1 Abs. 7 BErzGG entsprechend.

3.7 Für Elternteile, die am Programm »Mutter und Kind« teilnehmen, wird Landeserziehungsgeld nicht gewährt. In diesem Falle tritt der im Rahmen des Programms »Mutter und Kind« gewährte Erziehungszuschlag des Landes an die Stelle des Landeserziehungsgeldes.

3.8 § 8 Abs. 3 des Bundeserziehungsgeldgesetzes gilt entsprechend.

4 Bezugszeiträume

4.1 Das Landeserziehungsgeld wird vom Beginn des fünfundzwanzigsten Lebensmonats an gewährt.

4.2 Die Gewährung des Landeserziehungsgeldes endet mit Vollendung des sechsunddreißigsten Lebensmonats des Kindes.

4.3 Für angenommene Kinder und in den Fällen der Nummer 3.2.1 wird Landeserziehungsgeld von der Inobhutnahme, frühestens vom Ende des Bezugszeitraumes des Bundeserziehungsgeldes an für die Dauer von höchstens zwölf Monaten, längstens bis zur Vollendung des vierten Lebensjahres des Kindes gewährt, wenn das Kind nach dem 30. Juni 1989 geboren ist und längstens bis zur Vollendung des achten Lebensjahres, wenn das Kind nach dem 31. Dezember 1991 geboren ist.

4.4 Vor Erreichen der Altersgrenze (Nr. 4.2 und 4.3) endet die Gewährung des Landeserziehungsgeldes mit dem Ablauf des Lebensmonats, in dem eine der Anspruchsvoraussetzungen entfallen ist.

5 Höhe des Landeserziehungsgeldes, Einkommensgrenzen

5.1 Das Landeserziehungsgeld beträgt monatlich 400 DM. Es wird bei Mehrlingsgeburten mehrfach gewährt.

5.2 Das Erziehungsgeld wird gewährt, wenn das Familieneinkommen nach Nummer 6 im Monat durchschnittlich 2000 DM nicht übersteigt, die Einkommensgrenze beträgt bei Verheirateten, die von ihrem/ihrer Ehepartner/in nicht dauernd getrennt leben, für Geburten ab 1. Januar 1994 im Monat durchschnittlich 2200 DM und für Geburten ab 1. Januar

1996 im Monat durchschnittlich 2450 DM. Dieser Betrag erhöht sich um jeweils 300 DM für jedes weitere Kind des Berechtigten oder seines von ihm nicht dauernd getrennt lebenden Ehegatten, für das ihm oder seinem Ehegatten Kindergeld gewährt wird oder ohne Anwendung des § 8 Abs. 1 des Bundeskindergeldgesetzes gewährt würde; maßgeblich sind die Verhältnisse zum Zeitpunkt der Antragstellung. Leben die Eltern in einer eheähnlichen Gemeinschaft, gilt die Einkommensgrenze für Verheiratete, die nicht dauernd getrennt leben.

5.3 Bei Überschreiten der jeweils maßgeblichen Einkommensgrenze vermindert sich das Erziehungsgeld in Stufen wie folgt:

Überschreiten der Grenze um	Erziehungsgeld
bis zu 50 DM	350 DM
51 bis 100 DM	300 DM
101 bis 150 DM	250 DM
151 bis 200 DM	200 DM
201 bis 250 DM	150 DM
251 bis 300 DM	100 DM
301 bis 350 DM	50 DM
mehr als 350 DM	0 DM

6 Einkommen

6.1 Als Einkommen gilt die Summe aller in für die Berechnung des Bundeserziehungsgeldes im zweiten Lebensjahr nach § 6 Abs. 2 oder 5 BErzGG maßgebenden Kalenderjahr erzielten festgestellten positiven Einkünfte im Sinne des § 2 Abs. 1 und 2 des Einkommensteuergesetzes des Berechtigten und seines nicht dauernd von ihm getrennt lebenden Ehegatten. Leben die Eltern in einer eheähnlichen Gemeinschaft, ist auch das Einkommen des Partners/der Partnerin zu berücksichtigen. Ein Ausgleich mit Verlusten aus anderen Einkunftsarten und mit Verlusten des Ehegatten beziehungsweise des Partners/der Partnerin ist nicht zulässig.

6.2 Erwerbseinkommen, das von dem/der im Bezugszeitraum für Landeserziehungsgeld nicht mehr erwerbstätigen Antragsteller/in erzielt wurde, bleibt bei der Ermittlung der Summe der positiven Einkünfte unberücksichtigt.

Bei Aufnahme einer Teilzeitbeschäftigung werden die daraus erzielten durchschnittlichen Monatseinkünfte während des Bezuges von Landeserziehungsgeld berücksichtigt, § 6 Abs. 6 Satz 2 BErzGG gilt entsprechend.

6.3 Für die Feststellung des Einkommens gelten § 6 Abs. 1 und 5 BErzGG entsprechend mit der Maßgabe, daß zur Ermittlung der Einkünfte aus

Anhang

nichtselbstständiger Arbeit die Einnahmen um 2000 DM vermindert werden. Höhere Werbungskosten können nicht geltend gemacht werden. Bei der Ermittlung der Einkünfte aus Kapitalvermögen und der sonstigen Einkünfte im Sinne des § 22 des Einkommensteuergesetzes ist die Abzugsfähigkeit von Werbungskosten auf die im Einkommensteuergesetz (§ 9a) festgelegten Pauschbeträge begrenzt.

6.4 Ist das durchschnittliche Monatseinkommen im Bezugszeitraum des Landeserziehungsgeldes geringer als das der Entscheidung über die Leistung zugrunde gelegte Einkommen, wird nach Ablauf des Bezugszeitraumes auf Antrag die Leistung neu festgestellt. Der Antrag ist bis zum Ablauf des Jahres zu stellen, das auf das Jahr folgt, in dem das Kind den sechsunddreißigsten Lebensmonat vollendet. Nummer 6.2 ist entsprechend anzuwenden.

7 Verfahren

7.1 Das Landeserziehungsgeld wird auf schriftlichen Antrag gewährt, rückwirkend höchstens sechs Monate vor der Antragstellung.

Der Antrag kann frühestens ab dem neunten Lebensmonat des Kindes gestellt werden. Nr. 6.4 bleibt unberührt.

7.2 Der Antrag auf Gewährung von Landeserziehungsgeld ist bei der Gemeinde oder unmittelbar bei der Bewilligungsstelle (Nr. 7.4) einzureichen; entsprechende Vordrucke sind bei der Gemeinde erhältlich.

7.3 Dem Antrag sind beizufügen

- die Urkunde über die Geburt des Kindes, für das Landeserziehungsgeld beantragt wird, oder ein Auszug aus dem Familienbuch, in dem die Geburt oder Adoption des Kindes, für das Landeserziehungsgeld beantragt wird, eingetragen ist,
- Nachweise über das Einkommen nach Nummer 6, z.B. der letzte vorliegende Einkommensteuerbescheid,

wenn diese nicht bereits mit dem Antrag auf Bundeserziehungsgeld vorgelegt worden sind.

Der Antrag muß eine schriftliche Erklärung des Antragstellers/der Antragsteller/in enthalten, daß er/sie während des Bezugs von Landeserziehungsgeld keine oder keine volle Erwerbstätigkeit ausübt, mit dem Kind in ständiger häuslicher Gemeinschaft lebt und dieses selbst betreut und erzieht.

7.4 Die Gemeinden leiten die bei ihnen eingereichten Anträge an die Landeskreditbank Baden-Württemberg weiter, die das Landeserziehungsgeld bewilligt und auszahlt.

Das Landeserziehungsgeld wird im Laufe des Lebensmonats gezahlt, für den es bestimmt ist.

8 Sonstige Bestimmungen

Wer Landeserziehungsgeld erhält, hat Tatsachen, die zu einem Wegfall oder zu einer Kürzung dieser Leistung führen, insbesondere den Tod des Kindes, die Aufnahme einer Erwerbstätigkeit, den Wegzug aus Baden-Württemberg oder die Aufhebung der häuslichen Gemeinschaft mit dem Kind innerhalb des Bezugszeitraumes, der Landeskreditbank unverzüglich anzuzeigen.

Anhang

5. Gesetz zur Gewährung eines Landeserziehungsgeldes und zur Ausführung des Bundeserziehungsgeldgesetzes (Bayerisches Landeserziehungsgeldgesetz – BayLErzGG)

in der Fassung der Bekanntmachung vom 16. 11. 1995 (GVBl. S. 818)

(Das Gesetz wird zz. überarbeitet. Änderungen werden sich erst ab 1. 1. 2003 auswirken.)

Abschnitt 1
Landeserziehungsgeld

Art. 1
Berechtigte

(1) Anspruch auf Landeserziehungsgeld hat, wer

1. seine Hauptwohnung oder seinen gewöhnlichen Aufenthalt seit der Geburt des Kindes, mindestens jedoch fünfzehn Monate in Bayern hat,

2. mit einem nach dem 30. Juni 1989 geborenen Kind, für das ihm die Personensorge zusteht, in einem Haushalt lebt,

3. dieses Kind selbst betreut und erzieht,

4. keine oder keine volle Erwerbstätigkeit ausübt und

5. die Staatsangehörigkeit eines Mitgliedstaats der Europäischen Union oder eines anderen Vertragsstaates des Abkommens über den Europäischen Wirtschaftsraum besitzt.

Der Anspruch auf Landeserziehungsgeld setzt nicht voraus, daß der Berechtigte zuvor Erziehungsgeld nach dem Bundeserziehungsgeldgesetz bezogen hat.

(2) § 1 Abs. 1 Nr. 2 Buchst. a und d des Bundeskindergeldgesetzes sind sinngemäß anzuwenden; dies gilt auch für den Ehegatten einer hiernach berechtigten Person, wenn die Ehegatten in einem Haushalt leben.

(3) Einem in Absatz 1 Nr. 2 genannten Kind stehen gleich

1. ein Kind, das mit dem Ziel der Annahme als Kind in die Obhut des Antragstellers aufgenommen ist,

2. ein Kind des Ehepartners, das der Antragsteller in seinen Haushalt aufgenommen hat,

3. ein leibliches Kind des nicht sorgeberechtigten Antragstellers, mit dem dieser in einem Haushalt lebt.

(4) Der Anspruch auf Landeserziehungsgeld bleibt unberührt, wenn der Antragsteller aus einem wichtigen Grund die Betreuung und Erziehung des Kindes nicht sofort aufnehmen kann oder sie unterbrechen muß.

(5) Der Bezug von Landeserziehungsgeld oder von vergleichbaren Leistungen anderer Länder schließt den Bezug des Bayerischen Landeserziehungsgeldes aus.

Art. 2
Härtefallregelung

(1) In Fällen besonderer Härte, insbesondere bei schwerer Krankheit, schwerer Behinderung oder Tod eines Elternteils, kann für den Bezug von Landeserziehungsgeld von den Voraussetzungen des Art. 1 Abs. 1 Nrn. 3 und 4 abgesehen werden. Von der Voraussetzung des Art. 1 Abs. 1 Nr. 1 kann abgesehen werden bei Personen, die von ihrem im Geltungsbereich dieses Gesetzes ansässigen Arbeitgeber oder Dienstherrn zur vorübergehenden Dienstleistung in ein Gebiet außerhalb dieses Geltungsbereichs entsandt, abgeordnet, versetzt oder kommandiert sind.

(2) Ein Angehöriger, der in einem durch schwere Krankheit, schwere Behinderung oder Tod verursachten Härtefall die Betreuung und Erziehung des Kindes übernimmt, ohne daß ihm die Personensorge für das Kind zusteht, hat Anspruch auf Landeserziehungsgeld, wenn keine Leistung nach Absatz 1 gewährt wird. Angehöriger ist jeder Verwandte zweiten oder dritten Grades oder dessen Ehegatte.

Art. 3
Beginn und Ende des Anspruchs

(1) Landeserziehungsgeld ist ab dem in § 4 Abs. 1 des Bundeserziehungsgeldgesetzes (BErzGG) für das Ende des Bezugs von Bundeserziehungsgeld festgelegten Zeitpunkt bis zur Vollendung von weiteren zwölf Lebensmonaten des Kindes gewährt. Landeserziehungsgeld wird längstens bis zur Vollendung des dritten Lebensjahres des Kindes gezahlt.

(2) Das Landeserziehungsgeld wird auf schriftlichen Antrag gewährt, rückwirkend höchstens für sechs Monate vor Antragstellung. Wird das Landeserziehungsgeld im Anschluß an das Bundeserziehungsgeld bezogen, gilt § 4 Abs. 2 Satz 2 BErzGG sinngemäß.

(3) Vor Ende des zwölften Bezugsmonats endet der Anspruch mit dem Ablauf des Lebensmonats, in dem eine der Anspruchsvoraussetzungen entfallen ist. Im Fall der Aufnahme einer vollen Erwerbstätigkeit endet der Anspruch mit dem Beginn der Erwerbstätigkeit.

Anhang

Art. 4
Weitere Berechtigte

(1) Landeserziehungsgeld wird nach Ablauf der zwölf Lebensmonate nach Art. 3 Abs. 1 nur dann gewährt, wenn

1. eine Person das Kind mit dem Ziel der Annahme als Kind nach dem 30. Juni 1989 in seine Obhut aufnimmt,
2. das Kind bei Aufnahme das achte Lebensjahr noch nicht vollendet hat und
3. die Voraussetzungen des Art. 1 Abs. 1 Nrn. 1, 3, 4 und 5 vorliegen.

(2) Art. 2 und 3 gelten entsprechend mit der Maßgabe, daß das Landeserziehungsgeld vom Zeitpunkt der Aufnahme des Kindes für die Dauer von zwölf Monaten gewährt wird, auch wenn eine andere Person für dieses Kind bereits Landeserziehungsgeld bezogen hat.

Art. 5
Höhe des Landeserziehungsgeldes

(1) Das Landeserziehungsgeld beträgt 500 Deutsche Mark monatlich. Es wird bei Überschreiten der nach §§ 5 und 6 BErzGG zu berechnenden Einkommensgrenzen auf den Betrag von fünf Sechstel des nach §§ 5 und 6 BErzGG für das zweite Lebensjahr des Kindes zu berechnenden Bundeserziehungsgeldes gekürzt. Ein Betrag von monatlich weniger als 40 DM wird nicht gewährt; auszuzahlende Beträge sind auf Deutsche Mark zu runden, und zwar unter fünfzig Deutsche Pfennig nach unten, sonst nach oben.

(2) In den Fällen des Art. 4 sind die Einkommensverhältnisse im Kalenderjahr der Aufnahme des Kindes maßgeblich. Wird für das Kind Landeserziehungsgeld direkt im Anschluß an das Bundeserziehungsgeld bezogen, sind die Verhältnisse, die für die Leistung des Bundeserziehungsgeldes im letzten Bezugszeitraum zu Grunde gelegt wurden, maßgeblich.

(3) Das Landeserziehungsgeld wird im Lauf des Lebensmonats gezahlt, für den es bestimmt ist. Soweit Landeserziehungsgeld für Teile von Monaten zu leisten ist, beträgt es für einen Kalendertag ein Dreißigstel des monatlichen Betrags.

Art. 6
Berücksichtigung bei anderen Sozialleistungen und Pfändung

Das Landeserziehungsgeld ist eine vergleichbare Leistung des Landes im Sinn des § 8 Abs. 1 des BErzGG und des § 54 Abs. 5 des Ersten Buchs Sozialgesetzbuch.

Art. 7
NATO-Truppenstatut

Anspruch auf Landeserziehungsgeld hat auch, wer als Ehegatte eines Mitglieds der Truppe oder des zivilen Gefolges eines NATO-Mitgliedstaats die Voraussetzungen des § 1 Abs. 6 BErzGG erfüllt und seinen Wohnsitz oder gewöhnlichen Aufenthalt in Bayern hat.

Art. 8
Anwendung von sonstigen Vorschriften

Soweit gesetzlich nicht anders bestimmt,

1. sind die Regelungen des Ersten Abschnitts des Bundeserziehungsgeldgesetzes über

    a) die nicht volle Erwerbstätigkeit (§ 2),

    b) das Zusammentreffen von Ansprüchen (§ 3),

    c) die Unterhaltspflichten (§ 9),

    d) die Zuständigkeit und das Verfahren bei der Ausführung (§ 10),

    e) den Einkommens- und Arbeitsnachweis sowie die Auskunftspflicht des Arbeitgebers (§ 12) und

    f) den Rechtsweg und die Zuständigkeit (§ 13)

2. ist das Erste Buch Sozialgesetzbuch

entsprechend anzuwenden.

Abschnitt II
Ausführung des Bundeserziehungsgeldgesetzes

Art. 9
Zuständige Stelle

Das Staatsministerium für Arbeit und Sozialordnung, Familie, Frauen und Gesundheit wird ermächtigt, durch Rechtsverordnung die für den Vollzug des § 18 BErzGG zuständige Stelle zu bestimmen.

Abschnitt III Überleitungs- und Schlußvorschriften

Art. 9a
Überleitungsvorschrift

(1) Für Kinder, die vor dem

a) 1. Juli 1993 geboren sind, gilt das Bayerische Landeserziehungsgeldgesetz (BayLErzGG) in der Fassung vom 12. Juni 1989 (GVBl S. 206),

Anhang

b) 1. Juni 1994 geboren worden sind, gilt Art. 1 Abs. 3 BayLErzGG in der Fassung vom 12. Juni 1989,

c) 8. Dezember 1994 geboren worden sind, gelten Art. 2 Abs. 2 Satz 2, Art. 3 Abs. 1, Abs. 3 Satz 1, Art. 4 Abs. 1 Halbsatz 1 und Abs. 2 sowie Art. 5 Abs. 1 Satz 3 BayLErzGG in der Fassung vom 12. Juni 1989.

(2) Abweichend von Art. 5 in Verbindung mit § 6 Abs. 2 Nr. 4 BErzGG in der Fassung bis 26. Juni 1993 werden Sonderausgaben nach § 10e EStG bei der Einkommensfeststellung auch nicht berücksichtigt, soweit sie die Summe der positiven Einkünfte, die der Berechtigte und sein nicht dauernd von ihm getrennt lebender Ehegatte in diesem Jahr aus Vermietung und Verpachtung hatten, nicht übersteigen. Dies gilt für alle Berechtigten, deren Verfahren am 27. Januar 1993 noch nicht rechtskräftig abgeschlossen waren und deren Kinder vor dem 1. Juli 1993 geboren sind.

(3) Art. 4 Abs. 1 gilt auch, wenn ein Härtefall im Sinn des Art. 2 nach dem 30. Juni 1989 eintritt und das Kind in diesem Zeitpunkt das achte Lebensjahr noch nicht vollendet hat.

Art. 10
Verweisungen, Inkrafttreten, Außerkrafttreten[1]

(1) Die in diesem Gesetz enthaltenen Verweisungen betreffen die genannten Vorschriften in der jeweils geltenden Fassung.

(2) Art. 8 Nr. 1 Buchst. d und f treten am 28. Juni 1989 in Kraft. Im übrigen tritt dieses Gesetz am 1. Juli 1989 in Kraft. Gleichzeitig tritt das Gesetz zur Ausführung des Bundeserziehungsgeldgesetzes vom 20. Dezember 1985 (GVBl S. 815, BayRS 2170-3-A) außer Kraft.

---

1 Diese Vorschrift betrifft das Inkrafttreten des Gesetzes in der ursprünglichen Fassung vom 12. Juni 1989. Der Zeitpunkt des Inkrafttretens der späteren Änderungen ergibt sich aus den jeweiligen Änderungsgesetzen.

Anhang

6. Gesetz zur Gewährung eines Landeserziehungsgeldes in Mecklenburg-Vorpommern (Landeserziehungsgeldgesetz – LErzGG M-V)

vom 4. Mai 1995 (GVBl. S. 234), geändert durch Gesetz vom 13.3.1997 (GVBl. 90)

(Dieses Gesetz soll überarbeitet werden. Änderungen werden sich erst ab 1.1.2003 auswirken.)

Der Landtag hat das folgende Gesetz beschlossen:

§ 1
Berechtigte

(1) Anspruch auf Landeserziehungsgeld hat, wer

1. seinen Hauptwohnsitz oder gewöhnlichen Aufenthalt im Geltungsbereich dieses Gesetzes hat,

2. für ein ab dem 1. Januar 1993 geborenes, angenommenes oder in Adoptionspflege genommenes Kind einen Anspruch auf Bundeserziehungsgeld nur deshalb nicht hat, weil der für den Bezug von Bundeserziehungsgeld nach § 4 Abs. 1 des Bundeserziehungsgeldgesetzes (BErzGG) festgelegte Bezugszeitraum überschritten ist.

(2) Der Anspruch ist ausgeschlossen, wenn für die Betreuung des Kindes im gleichen Zeitraum vergleichbare Leistungen eines anderen Bundeslandes oder von Stellen außerhalb des Geltungsbereiches des Bundeserziehungsgeldgesetzes in Anspruch genommen werden.

§ 2
Beginn und Ende des Anspruchs

(1) Landeserziehungsgeld wird im Anschluß an den Bezugszeitraum für Bundeserziehungsgeld gemäß § 4 Abs. 1 des Bundeserziehungsgeldgesetzes

1. für vor dem 1. April 1995 geborene oder nach Absatz 2 gleichgestellte Kinder bis zur Vollendung des dritten Lebensjahres des Kindes,

2. für nach dem 31. März 1995 geborene Kinder für längstens sechs Lebensmonate des Kindes

gewährt.

(2) Gleichgestellt im Sinne des Absatzes 1 Nr. 1 werden Kinder, für deren Betreuung auf ein in der Zeit vom 6. April 1995 bis 19. März 1997 erklärtes Verlangen für den in § 2 Abs. 1 Nr. 1 genannten Zeitraum Erziehungsurlaub gewährt wurde, der nicht zumutbar vorzeitig beendet werden kann. Als Erziehungsurlaub im Sinne der Absätze 2 und 3 gilt auch die Unterbrechung des

Bezuges von Arbeitslosengeld, soweit sie erfolgte, um die Voraussetzungen des § 1 Abs. 1 Nr. 4 in Verbindung mit § 2 Abs. 2 des Bundeserziehungsgeldgesetzes zu erfüllen. Die vorzeitige Beendigung des Erziehungsurlaubs ist unzumutbar, soweit dadurch nicht nur geringfügige Mehraufwendungen entstünden, die nicht entstanden wären, wenn Erziehungsurlaub für den genannten Zeitraum nicht gewährt worden wäre. Wird für die Gewährung von Erziehungsgeld eine Inanspruchnahme von Erziehungsurlaub nicht vorausgesetzt, kann eine Gleichstellung in Härtefällen erfolgen.

(3) Eine Gleichstellung erfolgt nicht, soweit die vorzeitige Beendigung des Erziehungsurlaubs oder in den Fällen des Absatzes 2 Satz 4 die Rückgängigmachung schutzwürdiger Dispositionen allein deshalb nicht möglich ist, weil der Berechtigte dies schuldhaft nicht rechtzeitig eingeleitet hat. Die Gleichstellung kann auf einen bestimmten Bezugszeitraum beschränkt werden.

(4) Für angenommene Kinder und Kinder, die mit dem Ziel der Annahme als Kind in die Obhut des Annehmenden aufgenommen sind, wird Landeserziehungsgeld im Anschluß an den Bezugszeitraum für Bundeserziehungsgeld gemäß § 4 Abs. 1 Bundeserziehungsgeldgesetz, entsprechend der in Abs. 1 genannten Dauer, längstens bis zur Vollendung des achten Lebensjahres gewährt.

(5) Das Landeserziehungsgeld wird auf schriftlichen Antrag gewährt, rückwirkend höchstens für sechs Monate vor der Antragstellung. Der Antrag kann frühestens ab dem 21. Lebensmonat des Kindes gestellt werden.

(6) Vor Erreichen der Altersgrenze (Absatz 1 und 4) endet der Anspruch mit dem Ablauf des Lebensmonats, in dem eine der Anspruchsvoraussetzungen entfallen ist. Stirbt das Kind während des Erziehungsurlaubs, wird das Erziehungsgeld bis zur Beendigung des Erziehungsurlaubs weitergewährt.

§ 3
Höhe des Erziehungsgeldes; Einkommensgrenze

(1) Das Landeserziehungsgeld beträgt 600 Deutsche Mark monatlich.

(2) Das Landeserziehungsgeld wird gemindert, wenn das Einkommen nach § 4 bei Verheirateten, die von ihrem Ehegatten nicht dauernd getrennt leben, 29 400 Deutsche Mark und bei anderen Berechtigten 23 700 Deutsche Mark übersteigt. Die Beträge der Einkommengrenzen in Satz 1 erhöhen sich um 4200 Deutsche Mark für jedes weitere Kind des Berechtigten oder seines nicht dauernd von ihm getrennt lebenden Ehegatten, für das ihm oder seinem Ehegatten Kindergeld gewährt wird oder ohne die Anwendung des § 8 Abs. 1 des Bundeskindergeldgesetzes gewährt würde. Maßgeblich sind die Verhältnisse zum Zeitpunkt der Antragstellung. Leben die Eltern in einer eheähnlichen Gemeinschaft, gilt die Einkommensgrenze für Verheiratete, die nicht dauernd getrennt leben.

(3) Übersteigt das Einkommen die Grenze gemäß Absatz 2, mindert sich das Erziehungsgeld um den zwölften Teil von 40 vom Hundert des die Grenze übersteigenden Einkommen (§ 4).

(4) Das Landeserziehungsgeld wird im Laufe des Lebensmonats gezahlt, für den es bestimmt ist. Soweit Erziehungsgeld für Teile von Monaten zu leisten ist, beträgt es für einen Kalendertag ein Dreißigstel von 600 Deutsche Mark. Ein Betrag von monatlich weniger als 40 Deutsche Mark wird nicht gewährt. Auszuzahlende Beträge sind auf Deutsche Mark zu runden, und zwar unter 50 Deutsche Pfennig nach unten, sonst nach oben.

§ 4
Einkommen

(1) Als Einkommen gilt die nicht um Verluste in einzelnen Einkommensarten zu vermindernde Summe der positiven Einkünfte im Sinne des § 2 Abs. 1 und 2 des Einkommensteuergesetzes abzüglich folgender Beträge:

1. 27 vom Hundert der Einkünfte, bei Personen im Sinne des § 10c Abs. 3 des Einkommensteuergesetzes 22 vom Hundert der Einkünfte;

2. Unterhaltsleistungen an Kinder, für die die Einkommensgrenze nicht nach § 3 Abs. 2 Satz 2 erhöht worden ist, bis zu dem durch Unterhaltstitel oder durch Vereinbarung festgelegten Betrag, und an sonstige Personen, soweit die Leistungen nach § 10 Abs. 1 Nr. 1 oder § 33a Abs. 1 des Einkommensteuergesetzes berücksichtigt werden;

3. ein Betrag entsprechend § 33b Abs. 1 bis 3 des Einkommensteuergesetzes für ein Kind, das nach § 3 Abs. 2 zu berücksichtigen ist.

(2) Für die Minderung ist das voraussichtliche Einkommen des zweiten Kalenderjahres nach der Geburt maßgebend. Bei angenommenen Kindern ist das voraussichtliche Einkommen im zweiten Kalenderjahr nach der Inobhutnahme maßgeblich.

(3) Zu berücksichtigen ist das Einkommen des Berechtigten und seines Ehepartners, soweit sie nicht dauernd getrennt leben. Leben die Eltern in einer eheähnlichen Gemeinschaft, ist auch das Einkommen des Partners zu berücksichtigen.

(4) Soweit ein ausreichender Nachweis der voraussichtlichen Einkünfte in dem maßgebenden Kalenderjahr nicht möglich ist, werden der Ermittlung die Einkünfte zugrunde gelegt, die bei der Gewährung des Bundeserziehungsgeldes im zweiten Lebensjahr berücksichtigt worden sind.

(5) Bei Einkünften aus nichtselbständiger Arbeit, die allein nach ausländischem Steuerrecht zu versteuern sind oder keiner staatlichen Besteuerung unterliegen, ist von dem um 2000 Deutsche Mark verminderten Bruttobetrag auszugehen. Andere Einkünfte, die allein nach ausländischem Steuerrecht zu versteuern sind oder keiner staatlichen Besteuerung unterliegen, sind entsprechend § 2 Abs. 1 und 2 des Einkommensteuergesetzes zu ermitteln. Beträge in ausländischer Währung werden in Deutsche Mark umgerechnet.

(6) Ist der Berechtigte in der Zeit des Erziehungsgeldbezugs nicht erwerbstätig, werden seine vorher erzielten Einkünfte aus Erwerbstätigkeit nicht

berücksichtigt. Bei Aufnahme einer Teilzeittätigkeit werden die Einkünfte, soweit sie im Bescheid noch nicht berücksichtigt sind, neu ermittelt.

(7) Sind die voraussichtlichen Einkünfte aufgrund eines Härtefalles geringer als in der Bewilligung zu Grunde gelegt, werden sie auf Antrag berücksichtigt.

§ 5
Andere Sozialleistungen

(1) Das Landeserziehungsgeld ist eine vergleichbare Leistung im Sinne des § 8 Abs. 1 des Bundeserziehungsgeldgesetzes und des § 54 Abs. 5 des Ersten Buches Sozialgesetzbuch.

(2) Auf landesrechtlichen Vorschriften beruhende Leistungen anderer, auf die kein Anspruch besteht, dürfen nicht deshalb versagt werden, weil in diesem Gesetz Leistungen vorgesehen sind.

§ 6
Unterhaltspflichten

Unterhaltsverpflichtungen werden durch die Gewährung des Landeserziehungsgeldes nicht berührt. Dies gilt nicht in den Fällen des § 1361 Abs. 3, der §§ 1579, 1603 Abs. 2 und des § 1611 Abs. 1 des Bürgerlichen Gesetzbuches.

§ 7
Zuständige Behörden

Zuständige Behörden für die Ausführung dieses Gesetzes sind die Versorgungsämter.

§ 8
Kosten

Die Kosten für das Landeserziehungsgeld trägt das Land Mecklenburg-Vorpommern.

§ 9
Anwendung sonstiger Vorschriften

Bei der Ausführung dieses Gesetzes finden, soweit in diesem Gesetz nicht ausdrücklich etwas anderes bestimmt ist,

1. die Vorschriften des Bundeserziehungsgeldgesetzes vom 21. Januar 1992 (BGBl. I S. 68), zuletzt geändert durch Artikel 6 Abs. 98 des Gesetzes vom 7. Dezember 1993 (BGBl. I S. 2378, bekanntgegeben in BGBl. I 1994 S. 180),

2. die Vorschriften des Ersten Buches Sozialgesetzbuch vom 11. Dezember 1975 (BGBl. I S. 3015), zuletzt geändert durch das Zweite Gesetz zur Änderung des Sozialgesetzbuches vom 13. Juni 1994 (BGBl. I S. 1229),

3. die Vorschriften des Zehnten Buches Sozialgesetzbuch vom 18. August 1980)BGBl. I S. 1469, ber. 2218) und vom 4. November 1982 (BGBl. I S. 1450), zuletzt geändert durch das Zweite Gesetz zur Änderung des Sozialgesetzbuches vom 13. Juni 1994 (BGBl. I S. 1229),

in der jeweils geltenden Fassung entsprechende Anwendung.

§ 10
Inkrafttreten

Dieses Gesetz tritt am 1. Juli 1995 in Kraft.[1]

---

[1] Die Gesetzesänderungen sind am 1. 4. 1997 in Kraft getreten.

Anhang

7. Gesetz über die Gewährung von Landeserziehungsgeld im Freistaat Sachsen (Sächsisches Landeserziehungsgeldgesetz – SächsLErzGG)

vom 1. 1. 1997 (GVBl. S. 423)

§ 1
Berechtigte

(1) Anspruch auf Landeserziehungsgeld hat, wer

1. seinen Hauptwohnsitz oder seinen gewöhnlichen Aufenthalt im Freistaat Sachsen hat,

2. mit einem nach dem 31. Dezember 1991 geborenen Kind, für das ihm die Personensorge zusteht, in einem Haushalt lebt,

3. dieses Kind selbst betreut und erzieht,

4. für dieses Kind keinen mit staatlichen Mitteln geförderten Platz in einer Kindertageseinrichtung im Sinne von § 1 des Gesetzes zur Förderung von Kindern in Tageseinrichtungen im Freistaat Sachsen (SaKitaG) in der jeweils geltenden Fassung oder eine staatliche Förderung der Tagespflege beansprucht,

5. keine oder keine volle Erwerbstätigkeit im Sinne von § 2 Bundeserziehungsgeldgesetz (BErzGG) ausübt und

6. die sonstigen Voraussetzungen zum Bezug von Erziehungsgeld nach den Vorschriften des Bundeserziehungsgeldgesetzes in der jeweils geltenden Fassung erfüllt.

(2) Von der Voraussetzung des Absatzes 1 Nr. 4 soll abgesehen werden, wenn

1. ein Härtefall nach § 1 Abs. 7 Satz 1 BErzGG vorliegt oder in entsprechender Anwendung des § 1 Abs. 7 Satz 1 BErzGG im Zeitraum der Zahlung von Landeserziehungsgeld eintritt,

2. eine Beschäftigung zur Berufsbildung ausgeübt wird,

3. die Schulbildung oder ein Studium noch nicht abgeschlossen ist,

4. eine Teilzeitbeschäftigung bis zu 19 Wochenstunden im Zeitraum des Bezuges von Bundeserziehungsgeld ausgeübt wurde und diese zur Sicherung der wirtschaftlichen Lebensbedingungen für die Familie fortgesetzt werden muß,

5. das Kind eine Kindertagesstätte zur Eingewöhnung stundenweise besucht,

6. der Berechtigte aus einem wichtigen Grund die Betreuung und Erziehung des Kindes unterbrechen muß oder

7. ein ärztliches Zeugnis ausweist, daß der stundenweise Besuch einer Kindertageseinrichtung für die Erziehung eines entwicklungspsychologischen Therapieerfolges bei einem behinderten Kind erforderlich ist. Bei begründetem Zweifel können die zuständigen Behörden ein amtsärztliches Zeugnis anfordern.

(3) Der Bezug von Landeserziehungsgeld oder von vergleichbaren Leistungen anderer Leute schließt den Bezug des Sächsischen Landeserziehungsgeldes aus.

§ 2
Anspruchsdauer

(1) Landeserziehungsgeld wird im Anschluß an den Bezugszeitraum für Bundeserziehungsgeld gemäß § 4 Abs. 1 BErzGG gewährt

1. für Kinder des Jahrgangs 1992 für sechs Monate, in der Regel vom 19. bis zum 24. Lebensmonat des Kindes,
2. für Kinder des Jahrgangs 1993 für sechs Monate, in der Regel vom 25. bis zum 30. Lebensmonat des Kindes,
3. für Kinder der Jahrgänge ab 1994 für zwölf Monate, in der Regel vom 25. bis zum 36. Lebensmonat des Kindes.

Für angenommene Kinder und Kinder im Sinne des § 1 Abs. 3 Nr. 1 BErzGG wird Landeserziehungsgeld entsprechend der in Absatz 1 genannten Dauer längstens bis zur Vollendung des achten Lebensjahres gewährt.

(2) Der Anspruch endet vorzeitig mit dem Ablauf des Monats, in dem eine der Anspruchsvoraussetzungen gemäß § 1 entfallen ist.

§ 3
Höhe des Landeserziehungsgeldes

(1) Das Landeserziehungsgeld beträgt 400 DM monatlich. Für ab dem 1. Januar 1995 geborene Kinder oder ab diesem Zeitpunkt in Obhut genommene Kinder im Sinne des § 2 Abs. 1 Satz 2 beträgt das Landeserziehungsgeld 600 DM monatlich.

(2) Es wird beim Überschreiten der Einkommensgrenze nach § 5 Abs. 2 BErzGG vom Beginn des Anspruches an gemindert in entsprechender Anwendung des § 5 Abs. 3 BErzGG. Ein Betrag von weniger als 20 DM monatlich wird nicht gewährt.

(3) Mutterschaftsgeld und entsprechende Beträge während der Schutzfrist werden, abweichend von § 7 BErzGG, auf Landeserziehungsgeld nicht angerechnet.

§ 4
Antragstellung

Das Landeserziehungsgeld wird auf Antrag gewährt, rückwirkend nur für den Monat vor Antragstellung.

Anhang

§ 5
Zuständige Behörde

Zuständige Behörden für die Ausführung dieses Gesetzes sind die Ämter für Familie und Soziales. Örtlich zuständig ist das Amt für Familie und Soziales, in dessen Bezirk sich der Wohnsitz oder gewöhnliche Aufenthalt des Berechtigten befindet.

§ 6
Kostentragung

Die Kosten für das Landeserziehungsgeld trägt der Freistaat Sachsen.

§ 7
Andere Sozialleistungen

Landeserziehungsgeld ist eine dem Bundeserziehungsgeld vergleichbare Leistung im Sinne des § 8 BErzGG.

§ 8
Anwendung des Bundeserziehungsgeldgesetzes

Bei der Ausführung dieses Gesetzes finden, soweit dieses Gesetz nicht ausdrücklich etwas anderes bestimmt, die Vorschriften des Bundeserziehungsgeldgesetzes entsprechende Anwendung.

§ 9
Verfahren und Rechtsweg

(1) Soweit sich aus diesem Gesetz nichts anderes ergibt, finden das Sozialgesetzbuch – Allgemeiner Teil – (SGB I) vom 11. Dezember 1975 (BGBl. I S. 3015), zuletzt geändert durch Artikel 2 des Gesetzes vom 7. August 1996 (BGBl. I S. 1254), und das Sozialgesetzbuch – Verwaltungsverfahren – (SGB X) vom 18. August 1980 (BGBl. I S. 1469, 2218), zuletzt geändert durch Artikel 6 des Gesetzes vom 7. August 1996 (BGBl. I S. 1254), entsprechende Anwendung.

(2) Über öffentlich-rechtliche Streitigkeiten in Angelegenheiten dieses Gesetzes entscheiden die Gerichte der Sozialgerichtsbarkeit. Die Vorschriften des Sozialgerichtsgesetzes (SGG) in der Fassung der Bekanntmachung vom 23. September 1975 (BGBl. I S. 2535), zuletzt geändert durch Artikel 32 des Gesetzes vom 7. August 1996 (BGBl. I S. 1254), sind entsprechend anzuwenden.

§ 10
Inkrafttreten

Das Gesetzt tritt am 1. Januar 1997 in Kraft.

8. Thüringer Landeserziehungsgeldgesetz

Vom 23. Dezember 1993 (GVBl. 1993 S. 901)

Der Thüringer Landtag hat das folgende Gesetz beschlossen:

§ 1
Berechtigte

Anspruch auf Gewährung von Landeserziehungsgeld hat, wer

1. seine Hauptwohnung oder seinen gewöhnlichen Aufenthalt in Thüringen hat und

2. für ein nach dem 30. Juni 1992 geborenes Kind einen Anspruch auf Bundeserziehungsgeld nur deshalb nicht hat, weil der für den Bezug von Bundeserziehungsgeld nach § 4 Abs. 1 des Bundeserziehungsgeldgesetzes (BErzGG) festgelegte Zeitraum überschritten ist.

§ 2
Beginn und Ende des Anspruchs

(1) Landeserziehungsgeld wird ab dem in § 4 Abs. 1 Satz 1 und 2 BErzGG für das Ende des Bezugs von Bundeserziehungsgeld festgelegten Zeitpunkt für die Zeit bis zur Vollendung des 30. Lebensmonats gewährt. Für angenommene Kinder und Kinder im Sinne des § 1 Abs. 3 Nr. 1 BErzGG wird das Landeserziehungsgeld ab dem in § 4 Abs. 1 Satz 3 BErzGG für das Ende des Bezugs von Bundeserziehungsgeld festgelegten Zeitpunkt für weitere sechs Monate, längstens bis zur Vollendung des siebenten Lebensjahres des Kindes gewährt.

(2) Vor Erreichen der Altersgrenze nach Absatz 1 endet der Anspruch mit dem Ablauf des Lebensmonats, in dem eine der Anspruchsvoraussetzungen des § 1 entfallen ist. Stirbt ein Kind, für das Landeserziehungsgeld beansprucht wird, während des Erziehungsurlaubs nach dem Bundeserziehungsgeldgesetz, endet der Anspruch mit dem Zeitpunkt der Beendigung des Erziehungsurlaubs.

§ 3
Höhe des Landeserziehungsgeldes, Einkommensgrenze

Das Landeserziehungsgeld wird in der Höhe und unter den Voraussetzungen gewährt, die für den Anspruch auf Bundeserziehungsgeld nach § 5 BErzGG ab dem Beginn des siebenten Lebensmonats gelten. Maßgeblich sind die Verhältnisse zum Zeitpunkt der Antragstellung.

Anhang

§ 4
Berücksichtigung bei anderen Sozialleistungen, Pfändung

Das Landeserziehungsgeld ist eine vergleichbare Leistung des Landes im Sinne des § 8 Abs. 1 BErzGG und des § 54 Abs. 5 des Ersten Buches Sozialgesetzbuch.

§ 5
Zuständigkeit

Zuständige Behörden für die Ausführung des Bundeserziehungsgeldgesetzes und dieses Gesetzes sind die Ämter für Soziales und Familie.

§ 6
Anwendung sonstiger Vorschriften

(1) Soweit dieses Gesetz nichts anderes bestimmt, sind die Bestimmungen des Ersten Abschnitts des Bundeserziehungsgeldgesetzes sowie des Ersten und des Zehnten Buches Sozialgesetzbuch entsprechend anzuwenden.

(2) Soweit nach diesem Gesetz für die Zeit vor seiner Verkündung ein Anspruch auf Landeserziehungsgeld besteht, ist dieser binnen sechs Monaten nach Verkündung des Gesetzes geltend zu machen.

§ 7
Bußgeldbestimmung

(1) Ordnungswidrig handelt, wer vorsätzlich oder fahrlässig entgegen

1. § 60 Abs. 1 oder 3 des Ersten Buches Sozialgesetzbuch in Verbindung mit § 12 Abs. 1 BErzGG und mit § 6 Abs. 1 auf Verlangen die leistungserheblichen Tatsachen nicht angibt oder Beweisurkunden nicht vorlegt,

2. § 60 Abs. 1 Nr. 2 des Ersten Buches Sozialgesetzbuch eine Änderung in den Verhältnissen, die für den Anspruch auf Erziehungsgeld erheblich ist, der nach § 5 zuständigen Behörde nicht, nicht richtig oder nicht rechtzeitig mitteilt oder

3. § 12 Abs. 2 BErzGG in Verbindung mit § 6 Abs. 1 auf Verlangen eine Bescheinigung nicht, nicht richtig oder nicht vollständig ausstellt.

(2) Die Ordnungswidrigkeit kann mit einer Geldbuße geahndet werden.

(3) Verwaltungsbehörden im Sinne des § 36 Abs. 1 Nr. 1 des Gesetzes über Ordnungswidrigkeiten sind die nach § 5 zuständigen Behörden.

§ 8
Inkrafttreten

(1) Dieses Gesetz tritt am 1. Januar 1994 in Kraft.

(2) Gleichzeitig tritt § 2 Buchst. c der Anordnung über die Errichtung, den Sitz und den Zuständigkeitsbereich des Landesamtes für Soziales und Familie (Landesversorgungsamt) sowie die Ämter für Soziales und Familie (Versorgungsämter) vom 13. Mai 1991 (GVBl. S. 102) außer Kraft.

Anhang

9. Drittes Gesetz zur Änderung des Bundeserziehungsgeldgesetzes (Artikel 2)

vom 12. 10. 2000 (BGBl. I S. 1426)

(Art. 2 enthält eine Aufzählung der Vorschriften mit DM-Beträgen und -Bezeichnungen, die ab 1.1.2002 durch Euro-Beträge und -Bezeichnungen ersetzt werden.)

Art. 2 Nr. 1:

§ 5 wird wie folgt geändert:

a) Absatz 1 wird wie folgt geändert:

   aa) In Satz 1 wird in Nummer 1 die Angabe »900 Deutsche Mark« durch die Angabe »460 Euro« und in Nummer 2 die Angabe »600 Deutsche Mark« durch die Angabe »307 Euro« ersetzt.

   bb) In Satz 4 wird die Angabe »1800 Deutsche Mark« durch die Angabe »920 Euro« ersetzt.

b) Absatz 2 wird wie folgt geändert:

   aa) In Satz 1 wird die Angabe »100 000 Deutsche Mark« durch die Angabe »51 130 Euro« und die Angabe »75 000 Deutsche Mark« durch die Angabe »38 350 Euro« ersetzt.

   bb) In Satz 2 wird die Angabe »32 200 Deutsche Mark« durch die Angabe »16 470 Euro« und die Angabe »26 400 Deutsche Mark« durch die Angabe »13 498 Euro« ersetzt.

   cc) In Satz 3 wird die Angabe »4800 Deutsche Mark« durch die Angabe »2454 Euro« ersetzt.

c) Absatz 4 wird wie folgt geändert:

   aa) In Satz 3 wird die Angabe »20 Deutsche Mark« durch die Angabe »10 Euro« ersetzt.

   bb) In Satz 4 werden die Wörter »Deutsche Mark« durch das Wort »Euro« sowie die Angabe »50 Deutsche Pfennig« durch die Angabe »50 Cent« ersetzt.

d) In Absatz 5 wird die Angabe »4800 Deutsche Mark« durch die Angabe »2454 Euro«, die Angabe »5470 Deutsche Mark« durch die Angabe »2797 Euro« und die Angabe »6140 Deutsche Mark« durch die Angabe »3140 Euro« ersetzt.

Art. 2 Nr. 2:

§ 6 Abs. 5 wird wie folgt geändert:

a) In Satz 1 wird die Angabe »2000 Deutsche Mark« durch die Angabe »1023 Euro« ersetzt.

b) In Satz 3 werden die Wörter »Deutsche Mark« durch das Wort »Euro« ersetzt.

Art. 2 Nr. 3:

In § 7 Abs. 2 Satz 1 wird die Angabe »25 Deutsche Mark« durch die Angabe »13 Euro« und die Angabe »20 Deutsche Mark« durch die Angabe »10 Euro« ersetzt.

Art. 2 Nr. 4:

In § 23 Abs. 2 wird in Nummer 5 die Angabe »(600 DM, 900 DM)« durch die Angabe »(307 Euro, 460 Euro)« und in Nummer 6 die Angabe »(bis 199 DM, 200 bis 399 DM, 400 bis 599 DM, 600 DM, 900 DM)« durch die Angabe »(bis 102 Euro, 103 bis 204 Euro, 205 bis 306 Euro, 307 Euro, 460 Euro)« ersetzt.

Art. 2 Nr. 5:

Dem § 24 Abs. 1 werden folgende Sätze angefügt:

»Die in diesem Gesetz genannten Euro-Beträge und Euro-Bezeichnungen sowie der Cent-Betrag gelten erstmalig für Kinder, die ab dem 1. Januar 2002 geboren oder mit dem Ziel der Adoption in Obhut genommen wurden. Für die im Jahr 2001 geborenen oder mit dem Ziel der Adoption in Obhut genommenen Kinder gelten die in diesem Gesetz genannten Deutsche Mark/Pfennig-Beträge und -Bezeichnungen weiter.«

Stichwortverzeichnis

(Die fett gedruckten Zahlen verweisen auf die Paragrafen, die mageren auf die Randnummer der Anmerkungen.)

Ablehnung **15**, 22
Adoption **16**, 12; **15**, 5
Adoptiveltern **1**, 12; **15**, 7, 10
Adoptionspflegekinder **1**, 3; **15**, 7
Änderungskündigung **18**, 3
Anfechtung
– der Zulässigkeitserklärung **18**, 23
Anlernlinge **20**, 2
Anrechnung sozialer Leistungen/ Mutterschaftsgeld auf das Erziehungsgeld **7**, 2, 8ff.; **8**, 1ff.
Anspruchsvoraussetzungen
– für Elternzeit **15**, 1ff.
– für Erziehungsgeld **1**, 2ff.
Antrag
– auf Ausnahme vom Kündigungsverbot **18**, 18
– auf Gewährung von Elternzeit **16**, 1
– auf Gewährung von Erziehungsgeld **4**, 4
Antritt
– der Elternzeit **16**, 7
Arbeitsentgelt
– Berechnung des Erziehungsgeldes **5**, 8; **6**, 2ff.
Arbeitgeber
– Auskunftspflicht **12**, 6f.
– Elternzeit während Teilzeit **15**, 11f.
– Erziehungsgeld **12**, 6f.
Arbeitnehmer/in
– Anspruch auf Elternzeit **15**, 1
– Anspruch auf Erziehungsgeld **1**, 2
Arbeitsgericht **13**, 2; **15**, 23

Arbeitslosengeld **2**, 10, 12; **15**, 65
Arbeitslosenhilfe **2**, 12; **7**, 10
Arbeitslosenversicherung **15**, 62ff.
Arbeitsort im Ausland **1**, 8
Arbeitspflichten während Elternzeit **15**, 25
Arbeitsplatzgarantie **15**, 26; **18**, 18
Arbeitsunfähigkeit **2**, 13; **15**, 35; **16**, 7
Arbeitsverhältnis und Elternzeit **15**, 24ff.
Arbeitsvertrag, befristet **21**, 1ff.
Arbeitszeit **2**, 2; **15**, 66
Asylbewerber **1**, 24
Aufenthaltserlaubnis **1**, 23
Aufhebungsvertrag **18**, 5
Aufsichtsbehörde **18**, 19
Ausbildung
– und Elternzeit **15**, 1; **20**, 1ff.
– und Erziehungsgeld **1**, 2; **2**, 4
Ausbildungsförderung **8**, 2
Auskunft **12**
Ausländer **1**, 23ff.
– aus dem EU-/EWR-Bereich **1**, 22, 25
– Geltung des BErzGG **1**, 22ff.
Auslandsbeschäftigung **1**, 9ff.
Ausnahmegenehmigung vom Kündigungsverbot **18**, 9ff.
Ausschluss
– von Elternzeit **15**, 7a
Ausschlussfrist
– Erholungsurlaub während Elternzeit **17**, 13
– Erziehungsgeld **4**, 6f.

137

Stichwortverzeichnis

Beamte **1**, 11; **2**, 8; **15**, 1, 54
Beendigung
- der Elternzeit **15**, 3; **16**, 12, 15
- des Erziehungsgeldbezugs **4**, 1

Befristetes Arbeitsverhältnis
- allgemeine Grundsätze **21**, 1f.
- Angabe des sachlichen Grundes **21**, 7f.
- Zweckbefristung **21**, 2, 18
- Dauer der Befristung **21**, 2
- mit Ersatzkraft **21**, 25f.
- Hochschulrahmengesetz **21**, 6
- Kündigung **21**, 21
- mehrfache Befristung **21**, 7f., 17
- Probearbeitsverhältnis **21**, 4
- Rechtsfolge unzulässiger Befristung **21**, 20
- sachlicher Grund **21**, 7f.
- tarifvertragliche Regelungen **21**, 10

Beginn
- der Elternzeit **15**, 9; **16**, 1
- des Erziehungsgeldbezugs **4**, 2

Behörde **10**, 2; **18**, 21
Benachteiligungsverbot **18**, 8f.
Berechnung des Erziehungsgeldes **5**, 8
Berufsausbildungsverhältnis
s. *Ausbildung*

Berechtigung
- Bestimmung des Berechtigten **3**, 5
- Wechsel des Erziehungsgeldberechtigten **3**, 6f.

Beschäftigungsverbot **15**, 9
Besonderer Fall als Voraussetzung der Befreiung vom Kündigungsverbot **18**, 19
Betreuung des Kindes **1**, 1, 15 ff.; **15**, 1
Betriebliche Altersversorgung **15**, 37
Betriebsrat
- Änderungskündigung **15**, 26
- Aufgaben **15**, 40; **18**, 25
- Beteiligung bei Kündigungen **18**, 24
- Beteiligung bei Versetzungen **15**, 26, 40
- Wahlberechtigung und Wählbarkeit **15**, 39

Betriebszugehörigkeit **15**, 37
Betriebsversammlung **15**, 39
Budget **5**, 2f., 8f.
Bundessozialhilfegesetz **8**, 2

Dauer
- der Elternzeit **15**, 4ff.
- der Erziehungsgeldzahlung **4**, 1

Direktionsrecht **15**, 26
Diskriminierungsverbot **18**, 8
Dreizehntes Monatsgehalt **15**, 28
Dringende betriebliche Gründe **15**, 13, 17

EU-/EWR-Bürger **1**, 22f.
Ehegattenwahlrecht **3**, 5; **16**, 9
Eheähnliche Gemeinschaft **5**, 7
Einkommen **6**, 2ff.
Einkommensgrenzen **5**, 2, 4ff.
Einkommensnachweis **6**, 10f.; **12**, 2ff.
Entsendung ins Ausland **1**, 5, 9f., 27
Eltern **1**, 2, 12ff.
Elternzeit
- Abkopplung von Erziehungsgeld **15**, 1
- Adoption **15**, 5; **16**, 12
- Anspruchsberechtigte **15**, 1, 3
- Anspruchsvoraussetzungen **15**, 1f.
- Antrag des Arbeitnehmers s. *Geltendmachung*
- Antritt der Elternzeit **16**, 5
- Arbeitsplatzgarantie **15**, 26; **18**, 18
- Arbeitsunfähigkeit **15**, 35f.; **16**, 7
- Arbeitslosenversicherung **15**, 62ff.
- Ausbildung **15**, 1; **20**, 1ff.
- Beamte **15**, 1, 54
- Beendigung **16**, 12, 15

Stichwortverzeichnis

- Befristung des Arbeitsverhältnisses mit Ersatzkraft **21**, 25 f.
- Beginn **15**, 9; **16**, 1
- Beiträge **15**, 42 ff., 63
- Beschäftigungsverbot **15**, 9
- Berufsausbildung **20**, 1 ff.
- Betriebsrat **15**, 40
- Betriebsversammlung **15**, 39
- betriebliche Altersversorgung **15**, 37
- Bindung an Elternzeitverlangen **15**, 6; **16**, 2 ff.
- Dauer **15**, 4 ff., 8
- Direktionsrecht des Arbeitgebers **15**, 26
- Entgeltfortzahlung im Krankheitsfall **15**, 35
- Erholungsurlaub s. *Urlaub*
- Ersatzkraft **21**, 25 ff.
- Erwerbstätigkeit **15**, 11 ff.
- Freistellung außerhalb des BErzGG **18**, 7; **21**, 13
- Form der Geltendmachung **16**, 1
- Frist zum Geltendmachen **16**, 1 ff.
- Frist für Sonderkündigungsrecht des Arbeitnehmers **19**, 3
- Geltendmachung **15**, 21; **16**, 1
- gemeinsame **15**, 8
- Gratifikation **15**, 27 ff.
- Grenzgänger **15**, 2
- Großeltern **15**, 3
- Heimarbeiter **15**, 1; **18**, 3; **20**, 8
- Krankengeld s. *Arbeitsunfähigkeit*
- Krankenversicherung **15**, 41 ff.
- Krankheit s. *Arbeitsunfähigkeit*
- Kündigung s. *Kündigung*
- Lohnfortzahlung s. *Entgeltfortzahlung*
- mehrere Arbeitsverhältnisse **15**, 1
- Mitbestimmung des Betriebsrats **15**, 40
- Mutterschutzfrist **15**, 8 f.; **16**, 1
- Personensorge **15**, 3
- Praktikanten **20**, 2
- Rechtsweg **13**, 2; **15**, 23
- Rentenversicherung **15**, 51 ff.
- Ruhen des Arbeitsverhältnisses **15**, 25
- Sachbezüge **15**, 33
- Schutzfrist **15**, 9; **16**, 1
- Sonderurlaub **18**, 15
- Streitigkeiten zwischen Arbeitgeber und Arbeitnehmer **15**, 23
- Teilzeitarbeit **15**, 11 ff.; **17**, 9; **18**, 10 ff.
- Teilzeitarbeit und Kündigungsschutz **18**, 10 ff.
- Teilzeitausbildung **20**, 3
- Tod des Kindes **16**, 17
- Unabdingbarkeit **15**, 7a
- Urlaub s. *Urlaub*
- Urlaubsgeld **17**, 10
- Vater **15**, 9; **18**, 4
- Verbot der Tätigkeit bei anderem Arbeitgeber **15**, 13; **18**, 10
- Verlängerung der Elternzeit **16**, 14 ff.
- vermögenswirksame Leistungen **15**, 34
- Versetzung des Arbeitnehmers **15**, 26, 40
- Verzicht **16**, 6; **18**, 16
- Voraussetzungen **15**, 1 ff.
- vorzeitige Beendigung der Elternzeit **16**, 13, 17
- Wechsel zwischen Berechtigten **16**, 16
- Wegfall der Elternzeitvoraussetzungen **16**, 17
- Weihnachtsgeld **15**, 27 ff.
- wichtiger Grund **16**, 16
- Verlangen **16**, 1
- Zulässigkeitserklärung der Behörde **18**, 19

Ende
- der Elternzeit **15**, 4
- des Erziehungsgeldbezugs **4**, 1

Entgeltfortzahlung **15**, 35 f.

Stichwortverzeichnis

Erholungsurlaub *s. Urlaub*
Ersatzkraft **21**, 25 ff.
Erwerbstätigkeit **1**, 18; **2**, 3; **15**, 11
Erziehungsgeld
- Adoptionspflegekinder **1**, 13
- Adoptiveltern **1**, 12
- Anspruchsvoraussetzungen **1**, 3 ff.
- Anrechnung sozialer Leistungen **7**; **8**
- Antrag auf Erziehungsgeld **4**, 4
- Arbeitslosenhilfe **2**, 12; **7**, 10
- Arbeitslosigkeit **2**, 10 ff.
- Arbeitsunfähigkeit **2**, 13; **15**, 55
- Arbeitszeit **2**, 2
- Asylbewerber **1**, 24
- Aufenthaltserlaubnis **1**, 23
- Ausbildungsförderung **8**, 2
- Ausländer **1**, 23 ff.
- Auslandsbeschäftigung **1**, 9
- Ausschlussfrist **4**, 6 f.
- Auszubildende **1**, 18
- Beamte **1**, 11; **2**, 8
- Beendigung, vorzeitige **4**, 9
- Behörde **10**, 2
- Berechnung der Höhe **6**, 4 ff.
- Berechtigter des Erziehungsgeldes **3**, 2, 4 ff.
- Betreuung des Kindes **1**, 1, 15 ff.
- Dauer des Anspruchs **4**, 1
- EU-/EWR-Bürger **1**, 22 f.
- Ehegattenwahlrecht **3**, 5 f.
- Einkommensberechnung **6**, 4 ff.
- Entsendung ins Ausland **1**, 5, 9 f., 27
- Erwerbstätigkeit **1**, 18; **2**, 3
- Erziehung des Kindes **1**, 1, 15 ff.
- Elternzeit **1**, 1
- Fristberechnung **4**, 2
- Fälligkeit **4**, 7; **5**, 10
- Geltendmachung **10**, 1 ff.
- geringfügige Beschäftigung **1**, 5
- Gewährung bei Berechtigtenwechsel **3**, 6 f.
- gewöhnlicher Aufenthalt **1**, 6
- Grenzgänger **1**, 22
- Großeltern **1**, 14
- Härteklausel **1**, 20
- Haushalt **1**, 12, 14
- Heimarbeiter **2**, 3
- Höhe des Erziehungsgeldes **5**, 1
- Kinder
- Kurzarbeit **2**, 16
- Lohnersatzleistungen **2**, 10 ff.
- Lohnnachweise **6**, 10
- Minderjährige **1**, 12; **3**, 8; **4**, 5
- Mutterschaftsgeld **7**, 2 ff.
- Mutterschutzfrist **7**, 1, 3
- NATO-Streitkräfte **1**, 26
- Nachweispflicht der Arbeitnehmers **1**, 16
- nichteheliche Kinder **5**, 7
- »nichtehelicher« Vater **1**, 2, 13; **3**, 10
- Personensorge **1**, 12
- Ordnungswidrigkeit **14**
- Rechtsweg **13**, 1
- rückwirkende Gewährung **4**, 6
- Schüler **1**, 2; **2**, 4
- Soldaten **2**, 12
- Sozialgerichte **13**, 1
- Sozialhilfe **8**, 2 ff.
- Sozialleistungen **7**; **8**
- Stiefkinder **1**, 13
- Studenten **1**, 2; **2**, 4
- Teilzeitbeschäftigung **2**, 2, 5 ff.; **7**, 9
- Tod des Kindes **4**, 10
- Unterhaltspflichten **9**, 1 f.
- Vereinbarung der Eltern über Erziehungsgeldberechtigung **3**, 4
- Verfahren (ergänzendes) **22**, 1 f.
- Wahlrecht der Eltern **2**, 7
- Wechsel der Berechtigten **3**, 5 ff.
- weiteres Kind **3**, 3
- wichtiger Grund **1**, 17
- Winterausfallgeld **2**, 17
- Wohngeld **8**, 2
- Wohnsitz **1**, 6 ff.
- Zuschuss des Arbeitgebers zum Mutterschaftsgeld **7**, 8
- zuständige Behörde **10**
- Zweck des Erziehungsgeldes **1**, 1

Stichwortverzeichnis

Fälligkeit 4, 7; 5, 10
Fortzahlung des Arbeitsentgelts 15, 35
Freie Berufe 1, 18
Freiwillig Versicherte 15, 45
Frist 4, 2; 16, 1 ff.; 19, 3
Fristversäumnis 4, 6; 16, 1

Geltendmachung
- der Elternzeit 15, 21; 16, 1
- des Erziehungsgeldes 10, 1 ff.
- geringfügige Beschäftigung 1, 5
Gewöhnlicher Aufenthalt 1, 6
Gratifikationen 15, 27 ff.
Grenzgänger 1, 22
Großeltern 1, 12, 14
Grund
- dringender betrieblicher 15, 13 f., 17

Härteklausel 1, 20 f.
Haushalt 1, 14
Heimarbeiter 2; 3; 15, 1; 18, 3; 20, 8

Kinder
- Adoptivkinder/Adoptivpflegekinder 1, 13
- »nichteheliche« 5, 7
- Kind des Ehegatten 1, 13
- Stiefkinder 1, 13
- weiteres Kind 3, 4; 5, 5; 16, 15
Kinderberücksichtigungszeiten 15, 61
Kindererziehungszeiten 15, 57
Kindergeld 8, 2
Klage
- auf Erziehungsgeld 13, 1
- auf Zustimmungserklärung zur Teilzeit 15, 23
- bei Kündigungsverbot 18, 17
Krankengeld neben Erziehungsgeld 15, 49
Krankenversicherung 15, 41 ff.
Krankheit s. *Arbeitsunfähigkeit*
Kündigung durch den Arbeitgeber
- Änderungskündigung 15, 26; 18, 3
- Anhörung des Betriebsrats 18, 24
- bei Freistellung außerhalb des BErzGG 18, 7
- vor der Elternzeit 18, 2
- während der Elternzeit 18, 2
- Zulässigkeitserklärung der Behörde 18, 19
- fristgerechte Kündigung 19, 3 ff., 7
- Klage 18, 17
- zum Ende der Elternzeit 19, 3 ff.
Kündigungsfrist 19, 3
Kündigungsschutz 18, 2 ff.

Lehrverhältnis 20, 1 f.
Lohnersatzleistungen 2, 10 ff.
Lohnfortzahlung s. *Arbeitsunfähigkeit*
Lohnnachweise 1, 16; 6, 10; 12, 2 ff.

Mehrere Arbeitsverhältnisse 15, 1; 18, 10
Minderjährige 1, 12; 3, 8; 4, 4, 8
Mitbestimmung des Betriebsrat 15, 12, 40
Mutterschaftsgeld 7, 2 ff.
Mutterschutzfrist 7, 1, 7; 15, 8

Nachweispflicht des Arbeitnehmers 1, 16
NATO-Streitkräfte 1, 26

Ordnungswidrigkeiten 14

Personalrat s. *Betriebsrat*
Personensorge 1, 12; 15, 3
Praktikanten 20, 2
Private Krankenversicherung 15, 46 ff.

Rechtsweg 13, 1 f.; 15, 23
Rentenversicherung 15, 51 ff.
Ruhendes Arbeitsverhältnis 15, 25

Stichwortverzeichnis

Sachbezüge **15**, 33
Schülerin **1**, 2; **2**, 4
Schutzfristen **15**, 8 f.; **16**, 1; **18**, 2
Selbstständige **1**, 18
Soldaten **2**, 12
Sozialgericht **13**, 1
Sozialhilfe **8**, 2
Sozialleistungen **7**; **8**
Sperrzeit **15**, 66
Statistik **23**
Stiefkind **1**, 13
Streitigkeiten zwischen Arbeitgeber und Arbeitnehmer **15**, 23
Studentinnen **1**, 2; **2**, 4

Teilzeitarbeit **2**, 2, 5 ff.; **7**, 9; **15**, 11 ff., 36; **17**, 9; **18**, 10 ff.
Teilzeitausbildung **20**, 3
Teilzeit- und Befristungsgesetz **21**, 6
Tod des Kindes **4**, 10; **16**, 17

Unabdingbarkeit des Elternzeitanspruchs **15**, 7a
Übergangsvorschrift **24**
Unterhaltspflichten **9**, 1 f.
Urlaub gleich Erholungsurlaub
– Abgeltung **17**, 15 f.
– Bruchteile **17**, 5, 16
– Erholungsurlaub **17**, 1
– Kürzung wegen Elternzeit **17**, 3 f.
– Sonderurlaub **21**, 13
– spätere Kürzung **17**, 8
– Tarifvertrag **17**, 3
– Teilzeitbeschäftigte **17**, 9
– Übertragung **17**, 11
– Urlaubsentgelt **17**, 10
– Urlaubsgeld **17**, 10

Vater **15**, 9; **18**, 4
Verbot der Tätigkeit bei anderem Arbeitgeber **15**, 13; **18**, 10

Verlängerung der Elternzeit **16**, 14 ff.
Vermögenswirksame Leistungen **15**, 34
Versetzung des Arbeitnehmers **15**, 26, 40
Verspätete Geltendmachung der Elternzeit **16**, 11, 15
Verwaltungsgericht **13**, 2; **18**, 23
Verzicht
– auf Kündigungsschutz **18**, 16
Voraussetzungen
– für Arbeitslosengeld **2**, 12
– für Elternzeit **15**, 1 ff.
– für Erziehungsgeld **1**, 2 ff.
Vorzeitige Beendigung der Elternzeit **16**, 13, 15

Wahlrecht der Eltern **3**, 7 f.; **16**, 9
Wechsel der Erziehungsberechtigten **3**, 5 f.; **16**, 9
Wegfall der Elternzeitvoraussetzungen **16**, 17
Weihnachtsgeld *s. Gratifikation*
Wichtiger Grund **1**, 17, 34; **16**, 16
Wohngeld **8**, 2
Wohnsitz **1**, 6 ff.

Zulässigkeitserklärung zur Kündigung **18**, 19
Zuständige Behörde **10**, 2
Zustimmung
– des bisherigen Arbeitgebers **15**, 13
– des Betriebsrats zu Teilzeitarbeit **15**, 12, 40
– des Betriebsrats zu Änderungskündigungen/Versetzungen **15**, 12, 40
Zweck des Kündigungsverbots **18**, 1

Die Neuregelungen im Überblick

Inge Böttcher u.a.

Neues Arbeits- und Sozialrecht für Beschäftigte

Textausgabe mit Kurzkommentierung
2001. 240 Seiten, kartoniert

Die Textausgabe kommentiert kurz und prägnant die im Jahr 2000 reformierten Gesetze im arbeits- und sozialrechtlichen Bereich, die für Beschäftigte von besonderer Bedeutung sind.

Bitte besuchen Sie uns im Internet: www.bund-verlag.de

Bund-Verlag

Arbeitsrecht verständlich

Wolfgang Däubler

Arbeitsrecht

Ratgeber für Beruf, Praxis und Studium
3., überarbeitete Auflage
2001. 352 Seiten, kartoniert

„Auf 350 Seiten das gesamte Arbeitsrecht lesbar, verständlich und auch noch mit griffigen Beispielen darzustellen, ist ein wirkliches Kunststück, das hier gelungen ist."

Dr. Dirk Neumann zur 1. Auflage

Bitte besuchen Sie uns im Internet: www.bund-verlag.de

Bund-Verlag